ÉTUDE SUR LES CAUSES

DES VARIATIONS DE L'URÉE

DANS QUELQUES MALADIES DU FOIE

PAR

Félix VALMONT,

Docteur en Médecine,
Préparateur à la Faculté de médecine de Paris,
Lauréat de cette Faculté (Prix Corvisart, médaille d'or).

PARIS
V. ADRIEN DELAHAYE et Cie LIBRAIRES-ÉDITEURS
PLACE DE L'ECOLE-DE-MÉDECINE

1879

ÉTUDE SUR LES CAUSES

DES VARIATIONS DE L'URÉE

DANS QUELQUES MALADIES DU FOIE

PAR

Félix VALMONT,

Docteur en Médecine,
Préparateur à la Faculté de médecine de Paris,
Lauréat de cette Faculté (Prix Corvisart, médaille d'or).

PARIS
V. ADRIEN DELAHAYE et Cie LIBRAIRES-ÉDITEURS
PLACE DE L'ECOLE-DE-MÉDECINE

1879

A LA MÉMOIRE VENÉRÉE DE MON PÈRE

A MON EXCELLENTE MÈRE

A MON GRAND'PÈRE ET A MA GRAND' MÈRE

A MA SŒUR ET A MON BEAU-FRÈRE

A M. L'ABBÉ DELALONDE

Doyen de la Faculté de théologie de Rouen,
Chanoine honoraire,
Officier de l'instruction publique, etc.

A

M. LE PROFESSEUR G. SEE

MON PRÉSIDENT DE THÈSE

et

M. LE PROFESSEUR J. REGNAULT

HOMMAGE DE PROFOND RESPECT ET DE VIVE RECONNAISSANCE

A

MM. LES DOCTEURS DEBOVE ET STRAUS

Professeurs agrégés à la Faculté,
Médecins des hôpitaux

et

MM. LES DOCTEURS RAYMOND ET SEVESTRE

Médecins des hôpitaux.

ÉTUDE SUR LES CAUSES

DES VARIATIONS DE L'URÉE

DANS QUELQUES MALADIES DU FOIE

Dans ce travail, nous avons pour but de présenter les recherches que nous avons faites sur les variations des principaux éléments de l'urine et surtout de l'urée. dans un certain nombre d'affections du foie. Les travaux modernes, en particulier ceux de Heynsius, Kuhne, Meissner, Cyon, puis les observations pathologiques de MM. Charcot, Brouardel, Murchison, tendent à faire admettre cette loi générale formulée par M. Brouardel dans son savant mémoire sur l'urée et le foie : « Que la quantité d'urée formée et éliminée en vingt-quatre heures est sous la dépendance de deux influences principales : 1° l'état d'intégrité et d'altération des cellules hépatiques ; 2° l'activité plus ou moins grande de la circulation hépatique. Murchison attribue en outre au foie, la formation de l'acide urique libre ou combiné ainsi que celle d'une matière colorante spéciale intimement unie à lui.

Nous avons surtout cherché pour opérer nos recherches et obtenir les résultats indiqués par les auteurs, les maladies où la cellule hépatique est le plus altérée et le foie le plus malade.

Dans un travail que nous avons présenté en juillet 1877 pour le prix Corvisart, nous exposions déjà les résultats de nos analyses dans la cirrhose atrophique et hypertrophique.

Nous avons continué nos observations et en avons recueilli de nouvelles. Ce sont les résultats qu'elles nous ont fournis que nous venons exposer à nos juges. Ayant eu l'occasion de faire un grand nombre de dosages d'urée, dans le service de clinique de M. le professeur G. Sée, il nous a été donné d'établir des points de comparaison et de voir si, en dehors des causes qui peuvent entraver la production de l'urée et diminuer sa présence dans l'urine, l'urée chez les malades atteints d'affections graves du foie est réellement diminuée.

Outre ces dosages, nous avons fait comparativement l'analyse de l'acide urique et des chlorures. Enfin, chemin faisant, nous avons cherché à vérifier les diagnostics de cirrhose atrophique à l'aide du moyen indiqué par MM. Colrat et Couturier, moyen qui nous a amené à faire quelques expériences relatives à la production de la glycosurie alimentaire.

Ce travail n'est donc point un exposé des différentes théories émises sur la production de l'urée, ni un résumé de l'état actuel de la science sur cette délicate question.

Nous ne voulons que livrer à l'appréciation de nos jug

les résultats que nous avons obtenus et leur exposer la manière dont nous avons pris nos observations.

Nous remercions M. le professeur G. Sée des conseils qu'il a bien voulu nous donner. En le priant d'agréer l'expression de notre reconnaissance la plus vraie, nous ne remplissons que bien faiblement un devoir envers un maître qui nous a toujours témoigné le plus grand intérêt.

Nous remercions également M. le professeur Regnauld dans le laboratoire duquel nous avons fait la majeur partie de nos analyses. Ses avis, sa bienveillance nous ont toujours été d'un grand secours, aussi nous ne saurions trop lui témoigner notre gratitude.

Voici quel ordre nous avons suivi dans notre travail.

Premier chapitre. — Nous exposons quelle est la règle que nous avons constamment suivie dans nos observations et les procédés d'analyse dont nous nous sommes servi.

Deuxième chapitre. — Nous mentionnons les modifications des principes constituants de l'urine, dans les affections graves du foie, mettant en regard les causes qui influent sur les variations de l'urée.

Troisième chapitre. — Nous donnons les résultats que nous avons obtenus en essayant de provoquer la glycosurie alimentaire.

Chapitre quatre. — *Conclusions.*

Puis nous donnons à la fin de notre travail les onze observations que nous avons recueillies : sept observations de cirrhose atrophique; une de cirrhose hypertrophique; deux de cancer du foie.

Nous y ajoutons une observation de cirrhose atrophique que nous devons à l'obligeance de M. le Dr Landouzy.

CHAPITRE PREMIER.

Dans toutes nos observations nous avons tenu compte, d'une façon rigoureuse, du régime du malade. Non content de noter que le malade mange deux portions, par exemple, nous avons cherché à savoir quelle était la nature des aliments qu'il avait absorbés dans le courant de la journée; puis, d'une façon malheureusement approximative, le poids des substances ingérées, enfin, l'état du tube digestif; si le malade mange avec appétit ou non.

Nous n'avons point non plus négligé les boissons, la quantité et la qualité en est notée avec soin. Il est regrettable que pour toutes ces recherches il soit impossible de pratiquer les pesées; mais on conçoit facilement de combien de difficultés on serait entouré dans une salle d'hôpital. Nous nous sommes donc tenu le plus souvent possible dans la salle au moment de la distribution des aliments, ou bien nous nous sommes renseigné près de religieuse de la salle, qui a bien voulu porter son attention sur les malades que nous suivions.

On verra encore notés dans nos observations, le poids,

l'âge, la température du sujet, son activité organique, la quantité de mouvement qu'il se donne, la température du milieu ambiant, les médicaments pris par le malade ; les circonstances spéciales telles que : sudations exagérées, expectoration, épistaxis, diarrhée ; enfin la dénutrition du sujet.

Quant au sexe, c'est toujours sur les hommes que nous avons fait nos recherches ; l'expérience nous ayant appris combien il est difficile d'avoir chez les femmes, la quantité totale d'urine émise pendant les vingt-quatre heures.

Relativement aux urines, nous avons recueilli les quantités excrétées pendant les vingt-quatre heures, et encore avons-nous eu bien soin de le faire de telle façon que le malade ait pris dans chaque intervalle le même nombre de repas. Outre la quantité, on nous verra noter la densité, puis enfin l'urée, l'acide urique et les chlorures.

Nous avons fait le dosage de l'urée au moyen de l'hypobromite de soude et de l'appareil de Régnard. Nous connaissons toutes les critiques qui ont été adressées à ce procédé; mais on a beau chercher, tous les moyens susceptibles d'être employés lorsque l'on a chaque jour un grand nombre d'analyses à faire, sont tous passibles de reproches. Les auteurs qui se sont occupés de la question reprochent aux uns d'augmenter la quantité d'urée, aux autres de ne pas la donner intégralement. Nous nous sommes assuré par nous-même et très-souvent que l'hypobromite décomposait évidemment des produits azotés autres que l'urée tels que : l'acide urique, la créatine, etc. Aussi il nous a paru bon de faire des corrections que nous allons indiquer, et de faire connaître le procédé dont nous nous sommes servi, afin que l'on puisse comparer nos résultats avec ceux obtenus par d'autres procédés.

Voici quelles sont les corrections que nous avons faites.

A plusieurs reprises, pendant que nous analysions les urines de chacun de nos malades, nous nous assurions de la quantité d'azote que pendant l'opération, l'hypobromite enlevait à l'acide urique, et à la créatine. Pour cela, nous précipitions la créatine par le chlorure de zinc en solution alcoolique, puis les urates par le sous-acétate de plomb. Nous éliminions l'excès de plomb par le phosphate de soude, et après avoir réuni les eaux de lavage, et évaporé au bain-marie, pour les ramener au volume primitivement employé, nous pratiquions un dosage de l'urée ; un autre dosage avec l'urine nous donnait la différence. Presque toujours nos expériences ont démontré qu'il fallait abaisser les chiffres d'azote obtenus, de 3, 5 ou 4 p. 100.

Nous avons donc fait la correction dans toutes nos analyses. Quand nous avons eu à analyser des urines albumineuses, nous ne les avons traitées par l'hypobromite qu'après séparation de l'albumine.

Quant à l'acide urique nous l'avons dosé par le procédé classique qui consiste à ajouter 8 centim. cubes d'acide chlorhydrique à 150 centim. cubes d'urine. Au bout de quelques jours on recueille le précipité, et après lavage et dessiccation, on opère les pesées.

Pour les chlorures, après incinération préalable, etc.,

nous précipitons par l'azotate d'argent en présence du chromate de potassium.

Outre ces corrections, nous avons fait celles qui sont relatives à la température du milieu dans lequel on opère. Enfin pour plus de sûreté, nous faisons toujours pour chaque analyse un premier dosage avec 2 centim. cubes d'urine, un deuxième avec 4 centim. cubes.

Après ces recherches, nous avons été amené pendant le cours de nos observations à pratiquer, à plusieurs reprises, le dosage de l'urée dans le liquide de l'ascite. Voici quel est le procédé dont nous nous sommes servi.

Le liquide de l'ascite est précipité par trois fois son volume d'alcool concentré; on jette sur un filtre le coagulum formé; on lave à l'alcool. Après avoir évaporé les liqueurs, on lave le résidu à l'alcool absolu. Une nouvelle évaporation au B. M. donne un résidu que l'on reprend par l'eau distillée. La solution obtenue est précipitée par l'acétate de plomb; puis on chasse l'excès de plomb.

On se sert du liquide ainsi obtenu pour faire le dosage de l'urée par l'hypobromite de soude.

La solution d'hypobromite de soude dont nous nous sommes servi a toujours été conservée à l'abri de la la lumière et jamais nous n'avons employé une solution préparée depuis plus de huit jours.

CHAPITRE II.

Dans la cirrhose atrophique la quantité de l'urine est presque toujours au-dessous de 800 grammes. Quand elle dépasse ce chiffre, ou bien le malade est à une période peu avancée de la maladie, ou bien en voie d'amélioration. La quantité d'urine avant et après la ponction n'est point la même : presque toujours avant la ponction les urines sont rares 2, 3, 400 grammes ; une fois la ponction faite on peut voir la quantité augmenter rapidement. Dans ce cas on peut espérer que l'épanchement mettra un assez long temps à se former. Si, au contraire, l'urine reste rare, le malade verra son ascite augmenter plus ou moins rapidement. La polyurie comme on l'observe quelquefois après une ponction et sous l'influence de la digitale, est très-favorable, surtout si en même temps le malade a un peu de diarrhée. C'est dans ces conditions que deux malades que nous avons eu l'occasion d'observer, sont restés assez longtemps sans voir leur ventre augmenter de volume. Nous pouvons faire les mêmes remarques relativement au cancer du foie.

Comme aspect les urines, lors même qu'elles n'emprunteraient pas leur couleur aux matières colorantes de la bile, sont le plus souvent foncées. De plus elles sont troubles et sédimenteuses. Le malade n'émet pas une urine trouble, mais après refroidissement elle dépose. Nous avons examiné ce précipité qui doit sa teinte spéciale aux matières colorantes de l'urine entraînées mécaniquement ; et nous l'avons presque toujours trouvé constituée par des urates, en particulier par de l'urate de soude. Non pas que la quantité de ces sels soit augmentée dans les affections où le foie est très-malade ; mais parce que ces sels peu solubles à froid se précipitent ; la quantité d'eau n'étant plus suffisante pour les maintenir dissous à une température peu élevée.

Nous n'avons rien remarqué de spécial quant à la réaction, presque toujours elle fut acide.

La densité a subi des variations en rapport avec la quantité. Si la quantité est faible, la densité s'élève ; si elle augmente la densité s'abaisse. Ce qui prouve bien que la quantité d'urine n'a guère d'influence sur les variations des matériaux qui la composent.

Quelles sont les variations de l'urée dans les maladies du foie ?

Dans les observations que nous avons recueillies, et dans lesquelles pourtant nous avons pu suivre les malades pendant longtemps, il nous est impossible d'établir d'une façon exacte une moyenne applicable à tous les sujets observés. L'excrétion de l'urée subit des oscillations considérables. Certains malades, comme on pourra s'en rendre compte, rendent par jour, à la même époque de la maladie, 22 grammes d'urée et d'autres 10 grammes, et cela sous des influences que nous étudierons plus loin. Néanmoins, il est hors de doute que dans tous les cas aux approches de la mort, la quantité d'urée est toujours extrêmement faible, et que pendant tout le cours de la maladie, l'urée est en plus faible proportion que chez l'homme sain. Doit-on mettre cette diminution sur le compte de l'affection locale, et envisager la quantité d'urée qu'on rencontre dans l'urine comme étant sous la dépendance de l'altération plus ou moins considérable des cellules hépatiques ? Nous ne le croyons pas, car comme on le verra plus loin, nous avons pu chez des malades qui éliminaient très-peu d'urée et étaient arrivés à une période avancée de la cirrhose atrophique, doubler leur chiffre d'urée, sous l'influence d'un régime azoté. C'est ce qui nous a fait rejeter l'opinion des auteurs qui admettent que la majeure partie de l'urée est formée par le foie. Nous devions donc chercher ailleurs la cause de la diminution que nous constations. Voilà pourquoi nous nous sommes appliqué à chercher, jour par jour, l'explication de la quantité d'urée que nous trouvions dans l'urine. C'est ainsi que nous sommes arrivé au résultat qu'il nous reste à faire connaître.

Pour nous, une des causes les plus importantes des variations de l'urée, c'est l'alimentation. En jetant un coup d'œil sur nos observations et sur les tableaux qui indiquent les dosages de l'urée, on sera frappé de ce fait que toujours l'urée diminue quand l'appétit faiblit, et que l'alimentation azotée est nulle ou à peu près.

Dans quelques cas, il est vrai, malgré une alimentation azotée, on peut être étonné de rencontrer une petite quantité d'urée ; mais alors c'est qu'il est intervenu une cause de déperdition de l'urée : soit la formation rapide de grands épanchements péritonéaux, ou des œdèmes considérables. Par les analyses des sérosités de l'ascite que nous avons faites, on peut voir que l'urée s'accumule dans ces liquides en assez notable proportion ainsi que dans la sérosité des œdèmes. Donc, lorsqu'on cherche à établir si l'urée a diminué dans les affections du foie, on ne doit point négliger ces faits qui de prime abord s'ils passent inaperçus ou sont inconnus pourraient faire croire à une diminution d'urée. Puis il est encore une cause signalée par M. le professeur Robin qui n'est point spéciale aux maladies du foie : c'est la cachexie. M. Robin dit :

« Quelle que soit la maladie qui amène cette altération de la nutrition caractérisée par la pauvreté du sang et le ralentissement de tous les actes nutritifs, il en résulte une diminution des déchets organiques surtout des produits azotés ; l'urée peut descendre à une très-faible proportion. »

M. Raymond dans la clinique de la Charité (1879), émet ainsi l'opinion de M. le professeur Vulpian : « Quand même il serait démontré que les affections de tel organe, du foie, par exemple, font varier dans une énorme proportion la quantite d'urée rendue en vingt-quatre heures, indépendamment des conditions mentionnées plus haut (c'est-à-dire quantité et nature des aliments ingérés par le malade, quantité et nature des liquides introduits dans l'estomac), on ne serait point en droit de voir là une preuve décisive que cet organe le foie, est le principal foyer de production de l'urée qui se forme dans l'économie. Il n'y a point de maladie cantonnée dans l'enceinte d'un viscère. Dès que les fonctions du foie, par exemple, sont troublées par une affection d'une certaine intensité, la nutrition intime de tous les organes, de tous les tissus, de tous les éléments anatomiques, se trouve en souffrance à un degré variable, les actes physico-chimiques, dont l'organisme vivant est partout le théâtre, sont plus ou moins modifiés. Si l'urée, comme il est permis de le croire, est un produit de désassimilation qui se constitue partout où des phénomènes de nutrition et de dénutrition ont lieu dans la substance organisée et vivante des animaux, on comprend bien comment la quantité de cette urée formée dans un temps déterminé, pourra varier sous l'influence d'un organe important tel que le foie. On ne pourra donc pas tirer de ces variations un indice, montrant que cet organe est le foyer principal de la production de l'urée. La question physiologique restait donc tout entière quand même, je le répète, ou aurait prouvé et on ne l'a pas fait nettement, que les affections du foie sont par elles-mêmes beaucoup plus que les affections des organes aussi importants, une cause de variation de la proportion d'urée contenue dans l'urine des vingt-quatre heures. »

Outre cette cause, admise comme on le voit par nos maîtres, il en est d'autres d'un ordre secondaire qui n'en ont pas moins leur valeur, c'est : 1° l'inaction de ces malades qui soit faiblesse, soit impotence, sont obligés de garder le lit ; 2° la gêne de la respiration et de la circulation ; 3° Les circonstances particulières, telles que sudations exagérées, épistaxis, diarrhées, qui, outre la quantité d'urée perdue par les matières fécales, diminue encore la somme de l'urine recueillie, car on le sait, en allant à la garde-robe, les malades perdent toujours de l'urine en quantité assez notable pour diminuer d'une façon sensible, le chiffre total des urines des vingt-quatre heures ; 4° les médicaments pris par le malade. Souvent, en effet, on leur donne de la digitale. Tout le monde sait que cette substance abaisse le taux de l'urée.

Si après avoir passé en revue toutes les causes de diminution de l'urée que nous venons d'indiquer, on examine, comparativement la courbe d'élimination de l'urée, on se convaincra, à notre avis, que l'urée n'est pas plus diminuée dans les affections du foie qu'elle ne l'est dans les maladies graves où cet organe n'est point atteint.

Du reste, les chiffres extrêmement faibles cités par quelques auteurs ne se rencontrent qu'aux périodes ultimes de la maladie, quand l'inanition s'est prolongée pendant longtemps et que le sujet est arrivé à la dernière période de marasme. Et encore, ces petites quantités d'urée ne se rencontrent-elles que dans les maladies du foie? Non, certainement. Nous avons trouvé le taux de l'urée abaissé à 2 grammes et cela pendant plusieurs jours de suite, chez une malade atteinte de cancer de l'utérus. Cette malade, Célina B..., était couchée salle Sainte-Jeanne, N° 14, service de M. le professeur G. Sée à l'Hôtel-Dieu. A l'autopsie on trouva le foie indemne.

Chez une femme atteinte de cancer de l'œsophage couchée au N° 5 de la même salle, le chiffre de l'urée oscillait entre 1 gr. 50 et 4 grammes. Le foie à l'autopsie ne présentait aucune lésion. Chez les malades atteints de cancer de l'estomac, même lorsque le foie n'est point touché, l'urée est en proportion extrêmement faible. Nous nous en sommes assuré à plusieurs reprises et dans une observation de cancer de l'estomac citée page 121 de la thèse de M. Fouilhoux, le chiffre de l'urée variait de 0 gr. 83 à 2 gr. 64.

Outre ces observations où réellement les chiffres d'urée sont excessivement faibles, nous en avons d'autres où l'urée, quoique en faible proportion, n'est point descendue aussi bas.

Valmont.

prend bien comment la quantité de cette urée formée dans un temps déterminé, pourra varier sous l'influence d'un organe important tel que le foie. On ne pourra donc pas tirer de ces variations un indice, montrant que cet organe est le foyer principal de la production de l'urée. La question physiologique restait donc tout entière quand même, je le répète, ou aurait prouvé et on ne l'a pas fait nettement, que les affections du foie sont par elles-mêmes beaucoup plus que les affections des organes aussi importants, une cause de variation de la proportion d'urée contenue dans l'urine des vingt-quatre heures. »

Outre cette cause, admise comme on le voit par nos maîtres, il en est d'autres d'un ordre secondaire qui n'en ont pas moins leur valeur, c'est : 1° l'inaction de ces malades qui soit faiblesse, soit impotence, sont obligés de garder le lit ; 2° la gêne de la respiration et de la circulation ; 3° Les circonstances particulières, telles que sudations exagérées, épistaxis, diarrhées, qui, outre la quantité d'urée perdue par les matières fécales, diminue encore la somme de l'urine recueillie, car on le sait, en allant à la garde-robe, les malades perdent toujours de l'urine en quantité assez notable pour diminuer d'une façon sensible, le chiffre total des urines des vingt-quatre heures ; 4° les médicaments pris par le malade. Souvent, en effet, on leur donne de la digitale. Tout le monde sait que cette substance abaisse le taux de l'urée.

Si après avoir passé en revue toutes les causes de diminution de l'urée que nous venons d'indiquer, on examine, comparativement la courbe d'élimination de l'urée, on se convaincra, à notre avis, que l'urée n'est pas plus diminuée dans les affections du foie qu'elle ne l'est dans les maladies graves où cet organe n'est point atteint.

Du reste, les chiffres extrèmement faibles cités par quelques auteurs ne se rencontrent qu'aux périodes ultimes de la maladie, quand l'inanition s'est prolongée pendant longtemps et que le sujet est arrivé à la dernière période de marasme. Et encore, ces petites quantités d'urée ne se rencontrent-elles que dans les maladies du foie? Non, certainement. Nous avons trouvé le taux de l'urée abaissé à 2 grammes et cela pendant plusieurs jours de suite, chez une malade atteinte de cancer de l'utérus. Cette malade, Célina B..., était couchée salle Sainte-Jeanne, N° 14, service de M. le professeur G. Sée à l'Hôtel-Dieu. A l'autopsie on trouva le foie indemne.

Chez une femme atteinte de cancer de l'œsophage couchée au N° 5 de la même salle, le chiffre de l'urée oscillait entre 1 gr. 50 et 4 grammes. Le foie à l'autopsie ne présentait aucune lésion. Chez les malades atteints de cancer de l'estomac, même lorsque le foie n'est point touché, l'urée est en proportion extrèmement faible. Nous nous en sommes assuré à plusieurs reprises et dans une observation de cancer de l'estomac citée page 121 de la thèse de M. Fouilhoux, le chiffre de l'urée variait de 0 gr. 83 à 2 gr. 64.

Outre ces observations où réellement les chiffres d'urée sont excessivement faibles, nous en avons d'autres où l'urée, quoique en faible proportion, n'est point descendue aussi bas.

Valmont.

Obs. A. — Carcinome de l'estomac, Thuill..., 66 ans, entre le 27 août 1878, service de la clinique de l'Hôtel-Dieu. Jamais d'ictère ; rien au foie ; régime lacté ; potages. Le 5 novembre, le malade est mis en observation. Il excrète de 5 à 11 gr. d'urée jusqu'au 19 décembre.

Obs. B. — Mig..., cordonnier, 60 ans, entre le 3 janvier 1879, service de la clinique. Jamais d'ictère ; rien au foie ; régime lacté ; potages. Mange au moins 60 gr. de fromage à chaque repas. 8 à 13 gr. d'urée du 7 janvier au 20.

Obs. C. — Torch... (Thomas), limonadier, 38 ans, entre le 17 janvier 1879, service de la clinique. Péritonite tuberculeuse et tuberculose pulmonaire, troisième degré. Mange deux portions. 9 à 15 gr. d'urée du 20 janvier au 15 février 1879.

Obs. D. — Derip..., 25 ans, tailleur, entre à la clinique le 28 janvier 1879 ; mort le 10 février. Tuberculose pulmonaire. Autopsie, rien au foie ; alimentation — 1 degré. Pendant son séjour à l'hôpital il excrète de 4 à 10 gr. d'urée.

Obs. E. — Rey... J.-B., 31 ans, distillateur, entre le 26 août 1878. Péritonite tuberculeuse et tuberculose pulmonaire, troisième degré. Alimentation : une portion. Du 27 janvier au 14 février 1879 de 4 à 9 gr. d'urée.

Nous pourrions citer un grand nombre d'autres observations, mais nous croyons que les faits que nous venons d'exposer sont suffisants. Si l'on rapproche les chiffres que nous venons d'établir des chiffres que l'on trouve dans le courant de nos observations d'affections du foie, à la dernière période de la maladie, on verra qu'ils sont sensiblement les mêmes.

Après avoir examiné très-attentivement les observations des auteurs qui ont exposé les variations de l'urée dans les affections du foie, nous avons été frappé de ce que, dans certains cas, les chiffres d'urée qui nous paraissaient raisonnables étaient considérés par eux comme au-dessous de la moyenne normale ; cela serait juste en effet, si l'on comparait ces chiffres à la moyenne d'un homme vivant de la vie commune ; mais l'homme enfermé dans une salle d'hôpital, ayant très-peu d'exercice, sécrète beaucoup moins d'urée. Nous avons cherché à établir cette moyenne, pour cela nous avons recueilli 9 observations de malades mangeant 4 portions et guéris de l'affection qui les avait fait entrer à l'hôpital. Nous avons eu soin de prendre nos malades parmi ceux qui n'ont pas de convalescence à proprement parler. La moyenne chez ces malades a varié entre 21 et 22 grammes d'urée ; jamais nous n'avons vu l'urée dépasser 26 grammes, très-souvent elle n'arrivait qu'à 20 grammes.

A l'appui des chiffres que nous venons d'indiquer, nous pouvons présenter le résumé de six observations.

1º Obs. du nommé M... (Léon), journalier, 37 ans, entré à la clinique le 10 janvier 1879. Atteint d'ulcère variqueux aux jambes. Appétit excellent ; mange quatre portions. T. normale pendant les vingt-sept jours que nous avons analysé ses urines ; la quantité d'urée a varié entre 18 et 24 gr.

2º Obs. de Thomas E..., entré le 14 janvier 1879 à la clinique, souffrant surtout de misère. Le 19, nous commençons à analyser ses urines ; quatre portions. Pendant les quinze jours que nous l'avons suivi, l'urée a oscillé entre 19 et 25 gr.

3º Obs. de B..., 46 ans, journalier, entré à la clinique le 16 janvier 1879. C'est purement un alcoolique. Du 20 janvier au 7 février, quatre portions. Urée oscille entre 19 et 26 gr.

4º Obs. de Patrice Louis, entré à la clinique le 26 novembre 1878, 38 ans. Dyspepsie parfaitement guérie le 27 décembre. Nous le suivons jusqu'au 10 janvier. L'urée oscille entre 18 et 23 gr. ; quatre portions.

5° Obs. C..., employé de commerce, entre à la clinique le 14 janvier 1879, pour un ictère simple. Le 24 janvier tout est disparu. Appétit excellent, quatre portions. Du 24 janvier au 7 février : Urée — de 21 à 23 gr.

6° Obs. J... (Joseph), cordonnier, 42 ans, entre à la clinique le 29 décembre 1878. Ataxie locomotrice au début; pas de douleurs actuellement; appétit excellent ; quatre portions. 20 à 25 gr. d'urée du 3 au 20 janvier.

7° Obs. Sab... (Ferdinand), 25 ans, tailleur, entre à la clinique le 23 octobre 1877. Accès d'asthme. Le 15 novembre, S... est complètement rétabli. Quatre portions. Du 15 au 30 novembre, 19 à 26 gr. d'urée.

8° Obs. Louis C..., garçon de café, 30 ans, entre le 29 octobre 1878. Sciatique guérie rapidement par le salicylate de soude. Après cessation des médicaments, nous suivons le malade du 15 au 25 novembre. Quatre portions. 21 à 24 gr. d'urée.

9° Obs. Fein..., typographe, 22 ans, entre le 21 décembre 1878. Epileptique; appétit excellent, quatre portions. Du 27 décembre au 15 janvier, 19 à 22 gr. d'urée.

Il nous reste à voir maintenant si les moyennes de nos observations s'éloignent beaucoup des chiffres que nous venons d'indiquer, en tenant compte bien entendu des causes de diminution dues à la maladie, et de l'alimentation.

Dans l'observation I, cirrhose atrophique pendant les premiers mois, l'urée à oscillé entre 20 et 11 grammes ; la moyenne était de 15 grammes. — Pendant le dernier mois de la maladie, urée de 12 à 15 grammes, moyenne 8 grammes. Il faut remarquer que pendant le premier mois le malade était à 2 portions ; formait son ascite qui renfermait 40 grammes d'urée et prenait de la digitale. — Dans les derniers mois de la maladie, il ne mange plus que du lait et des potages et meurt arrivé à la dernière période de cachexie.

Dans l'obs. II cirrhose hypertrophique à une période peu avancée, la moyenne est de 18 grammes d'urée. — 2 portions.

Dans l'obs. III cirrhose atrophique ; tant que le malade a conservé l'appétit et mange deux portions, nous voyons l'urée osciller entre 14 et 17 grammes. Le malade formait pourtant du liquide ascitique et de l'œdème. — On lui fit 2 fois la ponction.

La première 9 litres contenant 20 grammes 25.

La deuxième 8 litres ; l'urée n'a pas été dosée.

Enfin le malade entre dans la période ultime, ne mange plus du tout ; alors il n'excrète plus que 7 à 9 grammes d'urée.

Dans l'obs. IV, cirrhose atrophique, suivie deux mois avant la mort.

Pendant cet espace de temps, 3 ponctions, première 7 litres de liquide ; l'urée n'est pas dosée, 16 litres dans les 2 dernières qui renferment en tout 43 gr. d'urée. — De plus on trouve à l'autopsie 15 litres de liquide de l'ascite : le malade a horreur de la viande, ne mange pas ou peu ; gêne de la respiration et de la circulation ; cachexie ; homme de petite taille, aussi pour toutes ces raisons nous trouvons l'urée oscillant entre 5 et 12 grammes ; moyenne de 7 grammes.

Dans l'obs. V, cirrhose cardiaque.— Quand le malade mange 2 portions, la moyenne de l'urée est de 15 grammes, puis il perd l'appétit ; l'anasarque apparaît et alors il n'excrète que 7 grammes d'urée en moyenne. — A cette période avancée de la maladie, W... est soumis au régime de la viande crue et le taux de son urée monte à 15 grammes.

Dans l'obs. VI, cirrhose atrophique ; ascite énorme.

œdème considérable, mange très-peu de viande, période avancée de cachexie ; moyenne de l'urée 13 grammes. Nous donnons au malade 150 grammes de viande crue pendant plusieurs jours. — L'urée atteint 17 grammes

Dans l'obs. VII, vers le 15 juin, on fait une ponction au malade qui en a déjà subi 15 autres ; en tout 180 litres de liquides. La seizième en a donné 15 litres. L'œdème des membres inférieurs est assez considérable. Le sujet est petit, profondément amaigri et couché presque toute la journée ; il mange 2 portions. L'une oscille entre 9 et 15 grammes et augmente sous l'influence de la viande crue.

Dans l'obs. VIII, cirrhose atrophique. — Le malade a subi 5 ponctions qui ont donné 73 litres de liquide ; il est dans une période de calme ; voci près de 2 mois qu'on ne lui a pas fait la ponction, et son ventre a plutôt diminué qu'augmenté. L'appétit est excellent ; se donne un peu d'exercice, mange de la viande avec plaisir ; la moyenne de son urée est de 19 grammes.

Dans l'obs. IX, cancer du foie. — Le malade subit 6 ponctions en 6 semaines, soit 42 litres de liquide contenant 34 grammes d'urée. Le malade reste couché toute la journée, mange 2 portions ; la moyenne d'urée est de 13 grammes. La viande crue donnée à la dose de 150 grammes fait augmenter le taux de l'urée qui est de 15 grammes.

Dans l'obs. X, cirrhose atrophique. — Le malade a subi 12 ponctions, soit 75 litres de liquide. Nous avons analysé le liquide de la douzième ponction ; il contenait 9 grammes d'urée. L'œdème des membres inférieurs est considérable, inaction absolue, 2 portions ; moyenne de l'urée 12 grammes.

Dans l'obs. XI, cancer du foie. — Il y a 3 périodes bien nettes dans la maladie; une première où il forme rapidement son ascite, mange peu, reste inactif; la moyenne de l'urée est de 9 grammes. Une deuxième période survient. — Il mange de la viande crue tous les jours, se donne du mouvement, la moyenne est de 16 grammes. — Enfin, survient la période ultime. — 3 ponctions se succèdent rapidement, le liquide renferme 16 grammes d'urée ; la moyenne s'abaisse à 9 grammes.

Dans l'obs. XII, que M. le Dr Landouzy a bien voulu nous communiquer, l'appétit est conservé, le malade ne forme pas rapidement son ascite, mange 2 portions ; nous voyons la moyenne à 16 grammes.

Le fait capital comme on a pu le remarquer, et sur lequel nous appelons de nouveau l'attention, c'est l'augmentation très notable de l'urée sous l'influence d'un régime azoté, même chez les sujets arrivés sous l'influence d'une cirrhose ou d'un cancer du foie aux dernières périodes de la cachexie. Il est bien évident que si le foie seul fabriquait l'urée, cette augmentation ne pourrait être sensible, puisque dans les observations que nous avons citées, toute la structure du foie est altérée par la maladie.

L'observation suivante, consignée par M. Demange dans sa thèse d'agrégation 1878, est encore une preuve de ce que nous avançons.

OBSERVATION. — Un médecin de Villejuif apporte un jour à M. Bouchard un foie qui pesait 5 kilogr. Après examen minutieux, M. Bouchard reconnut un vaste cancer colloïde qui n'avait laissé intacte aucune cellule hépatique. On extrait ensuite la vessie du cadavre; elle renfermait une quantité d'urine assez considérable pour qu'on en pût faire l'analyse. On reconnut qu'elle renfermait de l'urée dans une proportion de 10 gr. par litre, et les urines étaient brightiques.

Comme le fait observer M. Demange, ce fait vient encore à l'appui de la théorie qui admet que l'urée se produit dans toute l'économie.

Nous ne dirons que quelques mots de l'élimination de l'acide urique; la quantité de cette substance, comme on pourrait le croire au premier abord par le dépôt d'urates qui existe dans l'urine, n'est point augmentée. Il est bien rare que l'on voie son chiffre s'élever à plus de 0 gr. 5. Nous avons encore remarqué que les variations de l'acide urique suivent les mêmes oscillations que l'urée.

Nous pouvons en dire autant des chlorures dont la quantité baisse quand l'alimentation diminue.

Ces substances ne présentent donc rien de bien spécial.

CHAPITRE III.

Nos expériences sur la glycosurie alimentaire nous ont fourni des résultats différents de ceux obtenus par MM. Cotrat, Lépine et Couturier.

Nous avons administré à nos malades 150 gramm et 200 grammes de sirop de glucose, souvent pendant plusieurs jours de suite. Ces doses ont été prises soit en deux fois et à dix minutes d'intervalle, le matin à jeun (moment le plus favorable à notre avis pour voir apparaître le sucre dans l'urine), soit dans toute la journée à petites doses mélangées avec les tisanes.

Sur sept observations de cirrhose nous n'avons réussi à faire passer le sucre dans l'urine qu'une seule fois (obs. IV), et encore les jours suivants nous n'en avons plus trouvé trace.

Dans l'observation de cirrhose atrophique consignée dans ce travail et que nous devons à l'obligeance de M. le Dr Landouzy, la glycosurie ne s'est pas produite. Dans un cas de cirrhose hypertrophique rapporté dans la clinique de M. Vulpian (1879) on n'a pu obtenir de glycosurie.

Dans notre observation de cirrhose hypertrophique nous n'avons rien obtenu.

Dans le cancer du foie, sur deux observations nous avons trouvé une fois du sucre dans l'urine, il est vrai, en fort petite quantité.

Enfin, dans les observations VI, VII, VIII, que nous avons prises chez M. Hérard, M. Déjerine, interne du service, avait, avant nous et en vain, essayé de produire la glycosurie.

Non content de donner le glucose à des malades atteints d'affections graves du foie, nous en avons fait prendre à des sujets atteints d'autres maladies, ou même en pleine santé. Nous avons produit la glycosurie passagère chez un malade arrivé à une période très-avancée d'une péritonite tuberculeuse. Il est vrai que nous avons essayé sept fois inutilement sur des malades atteints d'autres affections graves. Enfin, chez les sujets mangeant quatre portions, et sur le point de quitter l'hôpital, ou ayant une affection chronique ne troublant en rien leurs fonctions digestives, ni hépatiques, nous en avons donné cinq fois et nous sommes arrivé à produire la glycosurie chez un malade atteint d'ataxie locomotrice au début et n'ayant aucuns troubles digestifs. Il est vrai que nous lui donnions 350 grammes de sirop de glucose. Devant ce fait, nous n'avons pas cru devoir dans nos expériences sur les cirrhotiques, dépasser la dose de 200 grammes.

Nous croyons, en effet, que passé cette dose, les résultats ne peuvent être concluants. Il paraît donc résulter de ces différents faits que l'administration du glucose ne peut servir en aucune façon à établir le diagnostic de la cirrhose atrophique, car : 1° chez les sujets arrivés à une période avancée de cachexie et n'étant pas atteints de cette affection, on peut produire la glycosurie ; 2° si l'on donne une dose de glucose trop élevée, l'expérience n'est plus probante puisque dans ce cas l'on peut provoquer la glycosurie chez l'homme sain ; 3° chez les cirrhotiques, malgré une assez forte dose de glucose on n'arrive même pas toujours à produire la glycosurie alimentaire.

CONCLUSIONS.

I.

Dans les cirrhoses et le cancer du foie, la diminution de l'urée dans l'urine n'a pas pour cause unique, ni même pour cause prédominante, l'altération du parenchyme hépathique, ou la suppression de la fonction du foie.

Les principales conditions auxquelles on peut rattacher les variations du chiffre de l'urée dans ces maladies, sont :

1° L'alimentation. Un sujet atteint de cirrhose ou de cancer du foie, qui mange peu, fait peu d'urée. S'il mange et n'absorbe pas, soit parce qu'il vomit, soit parce qu'il a de la diarrhée, le résultat est semblable. Mais si même à la période ultime de la maladie, il prend des aliments azotés en assez grande quantité 150 ou 200 grammes de viande crue), la proportion d'urée qu'il excrète s'accroît rapidement.

2° L'état de cachexie. Chez un individu cachectique débilité ou simplement anémié, l'urée baisse (nous croyons l'avoir prouvé suffisamment), fait qui nous semble en rapport avec une altération générale de la nutrition et une diminution dans l'intensité du travail organique.

3° L'immobilité absolue du sujet nous a paru, dans certains cas, exercer quelque influence sur l'abaissement du chiffre de l'urée. Dans les salles d'hôpital, l'élimination de cette substance est, en général, beaucoup moindre que chez l'homme sain ; et les moyennes qui ont été données nous ont semblé presque toutes trop élevées.

4° L'urée baisse quelquefois très-rapidement dans la

cirrhose ou le cancer du foie quand il y a des œdèmes ou une ascite qui s'accroissent rapidement. Dans ces cas si on analyse les sérosités, on y trouve une quantité très-notable d'urée.

5° La digitale employée assez souvent dans le traitement de la cirrhose contribue encore à abaisser le taux de l'urée.

II.

1· Si l'on donne du glucose à un sujet arrivé à une période avancée de cachexie, on peut produire la glycosurie. Il n'est pas besoin que le malade soit cirrhotique.

2° Avec des doses trop élevées de glucose l'expérience n'est plus concluante, car dans ce càs on peut produire la glycosurie chez l'homme sain.

3° On n'arrive pas toujours à produire la glycosurie chez les cirrhotiques, même avec des doses raisonnables de glucose.

L'ingestion de sucre ne peut donc servir, en aucune façon à établir le diagnostic de de la cirrhose atrophique.

OBSERVATIONS.

Obs. I (personnelle). — *Cirrhose atrophique.*

Service de M. le professeur Sée, salle Sainte-Jeanne, n° 28. — Auguste M..., âgé de 69 ans, serrurier.
Pas d'antécédents héréditaires.

Antécédents personnels. — Plusieurs blennorrhagies, des chancres mous; pas d'alcoolisme. Il a toujours mené une vie régulière, mais très-pénible.

Début de la maladie actuelle : au mois d'avril 1876, il ressentit des douleurs lombaires et abdominales. Il porta alors une large ceinture et se sentit soulagé. Son appétit était conservé, mais la constipation était habituelle ; puis il survint une période où il eut des diarrhées abondantes.

Au mois d'octobre, tous ces phénomènes avaient augmenté d'intensité et il resta quinze jours sans travailler. L'appétit était diminué. M... eut des douleurs dans l'hypochondre droit et se plaignit souvent d'une faiblesse générale.

En janvier 1877, M... fut obligé de cesser tout travail. Son ventre peu à peu avait grossi considérablement. Il avait les jambes enflées, l'appétit capricieux, le teint terreux, les bras et la figure amaigris. Ses urines étaient très-abondantes.

Au commencement de février, il garde le lit ; le volume de son ventre lui rend la marche presque impossible. Il est essoufflé et, le 12 mars, il se décide à entrer à l'Hôtel-Dieu.

Etat actuel. 12 mars. M... est un homme de haute stature, très-bien charpenté.

Il pesait avant sa maladie 110 kilogr. Sa figure est vieillie, terne, fatiguée ; les yeux sont excavés.

Les bras et les muscles du thorax sont amaigris ; le ventre est énorme : il mesure 1 m., 15. Matité, sauf à la région ombilicale ; veines sous-cutanées très-développées. La peau est tendue, luisante ; les membres inférieurs sont très-enflés ; on ne peut guère limiter le foie, il en est de même de la rate. Rien au cœur. Râles de bronchite dans les deux poumons. L'appétit est faible ; mais il craint surtout de manger de peur d'augmenter son oppression qui déjà est très-considérable.

Il ne peut aller à la selle depuis plusieurs jours.
On prescrit 10 gr. d'eau-de-vie allemande.

Pouls, 80 pulsations par minute. T. normale. R. 26. Rien dans l'urine.

Le 13. Même état. Régime : deux portions, pas de vin, 1 litre de lait.

On prescrit deux pilules de digitale (poudre 0 gr., 02, extrait alcoolique 0 gr., 02). Trois selles.

Le 14. Urines, 800 gr. Réaction acide. D., 1010. Urée, 15 gr. Acide urique, 0 gr. 50.

Le 15. Le matin on donne au malade, en deux fois et à dix minutes d'intervalle, 150 gr. de sirop de glucose. Deux fois dans la journée l'urine est examinée; pas de sucre.

Le 16. L'urine examinée le matin ne contient pas de sucre. On donne dans les mêmes conditions qu'hier 200 gr. de sirop de glucose. Le malade se plaint que le sucre lui ôte l'appétit; il urine un peu moins; il n'a mangé qu'un œuf à son déjeuner. Pas de sucre dans l'urine.

Le 17. M... mange très-peu, car il remarque que son oppression augmente par l'ingestion des aliments

Le 18. On fait la ponction qui donne 10 litres d'un liquide citrin. On limite le foie qui est très-petit ; à peine trois travers de doigt de matité ; la rate ne paraît pas augmentée de volume ; l'abdomen mesure après la ponction 0 m. 95. M... pèse alors 75 kil. ; il mange avec appétit la viande de ses deux portions, puis un œuf, boit 1 litre de lait, 1 litre de tisane gommeuse et un peu de vin.

Le 19. R. plus facile, douze par minute. Le malade a très-bien dormi. Appétit excellent, soif vive.

Le 20. M... mange plus que ses deux portions.

Le 21. Même état. M... se promène un peu dans la salle. Le ventre mesure 0 m. 96.

Les 22, 23, 24. Même état. Deux portions.

Le 25. Le malade s'occupe dans la salle; il a la diarrhée. Deux selles, deux portions.

Le 26. Bon appétit; deux selles. Boit 2 litres 1]2 de liquide ; deux portions.

Les 27, 28, 29. Même état, même régime. On cesse les pilules de digitale.

Le 30. Le ventre n'a pas augmenté de volume. R. normale, 12. P., 82. T. 36°,5. M... mange très-volontiers de la viande et trouve les partions petites. La religieuse du service lui augmente un peu sa portion.

Le 31. Même état. 2 litres de liquide, deux portions.

1er, 2, 3, 4, 5 avril. Même état. M... va au jardin, puis travaille un peu dans la salle.

Le 6. Douleurs dans la région lombaire ; repos au lit ; appétit conservé ; constipation.

Le 7. Les douleurs ont gagné l'hypochondre droit, et la palpation est un peu douloureuse.

Le 8. Les douleurs ont à peu près disparu. Pas de selles. On lui donne une bouteille d'eau de Sedlitz. Deux garde-robes.

Le 9. Le ventre a grossi et mesure 1 m. 02. Un peu d'œdème aux malléoles ; pas d'albumine ; deux portions.

Le 10. Constipation, gastralgie. Le malade n'a pas mangé sa portion du soir.

Le 11. Le ventre mesure 1 m. 04. Les jambes sont enflées jusqu'au mollet ; l'appétit est moins bon. On donne à M... un verre d'eau de Sedlitz. Il boit son litre de lait, mais ne mange que le soir et une portion seulement ; une selle.

Le 12. M... se désole en voyant son ventre grossir ; aussitôt qu'il se lève, ses jambes s'œdématient rapidement. R. 18. P. 80. Pas de fièvre.

Le 13. Le scrotum commence à s'infiltrer. Le teint est un peu subictérique ; pourtant pas de matières colorantes de la bile dans l'urine.

Le 14. Faiblesse générale. M... tousse un peu ; quelques râles de bronchite ; pas de fièvre ; ne mange qu'une portion ; le matin une côtelette, le soir du potage ; boit toujours son litre de lait et au moins 1 litre de tisane.

Le 15. Même état.

Le 16. Dyspnée. M... est inquiet et se désole ; il perd l'appétit. Le ventre mesure 1 m. 09.

Le 17. Mange un peu de potage gras le matin ; puis, le soir, un œuf et un potage maigre. 1 litre de lait, 1 litre de tisane.

Le 18. Même état, même régime.

Le 19. M... prend à nouveau 250 gr. de sirop de glucose, et nous ne trouvons pas de sucre dans l'urine.

Le 20. Un verre d'eau de Sedlitz ; une selle. M... n'a mangé qu'un œuf et deux potages gras.

Le 21. Poulet le matin, le soir potage.

Le 22. Le ventre est très-distendu, les membres inférieurs infiltrés, le scrotum volumineux. R. 20. Le faciès s'altère et prend une teinte presque ictérique. Rien dans les urines, appétit nul ; le malade a du dégoût pour la viande ; il mange deux potages gras, des pommes de terre et du lait.

Le 23. Potage, 1 litre de lait, bouillon.

Le 24. Le ventre mesure 1 m. 12. Veines sous-cutanées très-distendues ; même alimentation.

Le 25. Pas de changement.

Le 26. L'état général s'aggrave et on n'ose point tenter la ponction. La gêne respiratoire est considérable. Bouillon, potage, lait, 1|2 litre de tisane.

Le 27. Le malade reste immobile dans son lit ; les yeux sont excavés. On lui donne un verre d'eau de Sedlitz. Pas de selle.

Le 28. Deux verres d'eau de Sedlitz et un lavement ; une selle.

Les 29, 30. Même état, même régime.

1er mai. Le malade a eu un peu de délire la nuit.

Le 2. Dyspnée, faiblesse extrême, somnolence. M... prend un peu de bouillon, ne veut plus de lait.

Les 3, 4, 5. L'état s'aggrave de plus en plus.

Le 6. Coma dont on tire difficilement le malade ; pourtant il répond encore un peu aux questions qu'on lui adresse. Râles fins aux deux bases du poumon et râles sibilants et ronflants dans toute la poitrine.

Le 7. Le malade parle constamment tout bas. Pouls très-faible.

Le 8. Coma, pouls à peine perceptible.

Le 9. Un peu de délire la nuit. Enfin il meurt dans la matinée.

Autopsie. — On recueille 18 litres de liquide ascitique. Foie très-petit, adhérant par plusieurs points aux parties voisines ; il est grisâtre, très-dur, pèse 900 gr. Sa surface est granuleuse. Du reste, l'examen histologique fait au laboratoire de l'Hôtel-Dieu a montré les lésions de la cirrhose à une période très-avancée. La rate est très-volumineuse ; les reins sont petits et renferment de petits kystes ; le cœur est normal ; les poumons sont très-congestionnés.

Nota. Le liquide de la ponction, faite le 18 mai, avait pour den-

1020 et renfermait par litre 4 gr. d'urée, soit 40 gr. pour les 10 litres.

Analyse des urines.

Mois.	Quantité.	Densité.	Urée.	A. urique.	Chlorure.
14	800 gr.	1020	15 gr.	0.60	3.50
15	1000	1020	11	0.70	»
16	500	1025	12	0.50	»
17	700	1020	13	»	2.75
18	500	1020	11	0.35	»
19	900	1015	15	0.50	4.25
20	1000	1012	15.75	»	»
21	1000	1015	17.80	0.80	4.00
22	1200	1015	19.00	»	»
23	1500	1015	18.70	0.57	5.60
24	1200	1017	20	0.70	6
25	800	1020	17.80	0.80	5.45
26	700	1022	17.20	0.85	7.20
27	1000	1015	15.50	0.70	7.10
28	1000	1015	16.70	0.75	6.75
29	1800	1012	15.70	0.60	5.70
30	1700	1012	16.22	0.80	6.60
31	1500	1015	17.00	0.82	5.40
1 avril	1200	1015	18.50	0.70	»
2	1300	1015	17.80	»	»
3	1500	1015	16.50	»	»
4	1400	1012	20.20	0.85	6.70
5	1200	1015	19.50	»	»
6	1000	1015	18.20	0.80	»
7	1700	1015	15.50	0.60	5.80
8	1000	1015	17.50	0.72	5.60
9	1200	1012	16.96	»	»
10	1000	1015	15.70	0.50	2.50
11	900	1015	16.50	0.40	»
12	900	1017	12.00	0.30	2.50
13	1000	1010	14	0.50	2.00
14	700	1015	10.5	0.25	3.75
15	900	1012	14.70	»	»
16	1000	1010	15.60	»	»
17	700	1017	9.7	»	»
18	800	1017	12.40	0.30	2.50
19	700	1018	12.60	0.15	3.15

Valmont.

Dates.	Quantités.	Densité.	Urée.	A. urique.	Chlorure.
20	600	1020	11.5	0.20	2.75
21	600	1020	13.25	0.50	»
22	600	1015	10.8	0.50	2.07
23	700	1025	8.70	0.47	»
24	800	1022	6.50	0.30	»
25	500	1022	10.25	0.22	»
26	500	1025	8.75	0.15	»
27	600	1019	6.9	0.20	»
28	700	1019	7.70	»	»
29	600	1025	9.80	0.20	2.60
30	500	1030	5.40	0.15	2.05
1 mai	400	1036	5.50	0.17	1.75
2	500	1030	5.70	0.21	»
3	500	1030	6.60	0.14	»
4	400	1035	9.60	0.10	»
5	400	1027	9.20	0.15	1.85
6	500	1030	5.8	0.10	»
7	200.2	1030	4.9	»	»
8	150.2	1025	2.50	»	»

(Nota) Presque toujours les urines furent acides.

OBS. II (personnelle). — *Cirrhose hypertrophique*.

Service de M. le professeur Sée. Salle Sainte-Jeanne, n° 35. B... (Antoine), 22 ans, menuisier. Pas d'antécédents héréditaires.

Antécédents personnels. Coqueluche, variole. Excès alcooliques nombreux.

Début de la maladie actuelle. Au mois d'avril 1876 commence l'ictère d'abord très-léger, puis vint une indisposition. Il eut un peu de fièvre et aussitôt l'ictère devint très-foncé. Appétit conservé, garde-robes régulières, très-peu de constipation. Epistaxis légères; ses lèvres saignent au moindre contact. B... reste jaune sans pourtant être très-malade, jusqu'au mois d'avril 1877.

Alors l'appétit devient capricieux, la teinte ictérique s'accentue. De temps à autre douleurs vagues dans l'abdomen. Enfin, affaibli il se décide le 10 avril à entrer à l'Hôtel-Dieu.

Etat actuel. Homme de taille moyenne, pèse 70 kilos, n'est point amaigri. La teinte ictérique est très-foncée, presque vert-olive. Ventre un peu plus volumineux peut-être que de raison ; pas de matité, pas d'ascite; veines sous-cutanées abdominales pas volumineuses. Le foie est énorme, il descend jusqu'à l'ombilic; son bord tranchant est uni, point de bosselures à la surface. Il mesure 0^m,25 dans la ligne axillaire, la rate est très-volumineuse. Au cœur, souffle au premier temps et à la base se prolongeant jusque dans les vaisseaux du cou. Rien aux poumons. B... mange peu, il est constipé. Ses selles n'ont jamais été décolorées. Urine moins abondante que de règle, fortement ictérique et contenant des sédiments.

Le 11. Deux portions, 1 litre de lait.

Le 12. Eau de Sedlitz : trois selles. Le soir une portion, 1 litre de lait.

Le 13. Epistaxis très-abondante : deux crachoirs, B... ne mange qu'une portion, boit 1 litre de lait et garde le lit toute la journée.

Le 14. Diarrhée assez abondante ; le malade mange un peu de poulet, un potage, 1 litre de lait.

Le 15. Nous donnons 150 grammes de sirop de glucose en deux fois à 10 minutes d'intervalle ; l'urine analysée à trois reprises ne contient pas de sucre.

Le 16. Le malade se trouve un peu mieux ; il mange une tranche de 90 grammes de rôti, un potage ; le soir un œuf, 1 litre de lait. Pas de sucre.

Le 17. Pas de sucre dans l'urine. Nous donnons 200 grammes de sirop de glucose comme précédemment. Rien dans l'urine; B... se lève très-peu, son foie mesure 0^m,27.

Le 18. Quelques maux de tête, un peu de conjonctivite. Une portion seulement.

Le 19. Léger épistaxis.

Le 20. Mieux notable. B... va au jardin.

Le 21. On supprime le régime lacté sur la demande du malade qui mange avec appétit deux portions.

Les 22, 23, 24. Même état. B... va au jardin ; l'ictère persiste et cependant l'état général s'améliore.

Le 25. Le malade demande quatre portions pour avoir plus de vin, on lui permet de plus d'en faire entrer 1 litre.

Le 27. Appétit bon. Constipation, un verre d'eau de Sedlitz donne une selle.

Le 28. B... perd un peu de sang par l'anus.

Les 29, 30. Même état.

1er mai. B... malgré son appétit se sent faible et se promène au jardin.

Le 2. Céphalalgie, diarrhée, appétit conservé.

Le 3. B..., s'ennuie et veut quitter l'hôpital.

Le 4. Part pour la campagne avec son ictère; son foie est très-volumineux : $0^m,27$ sur la ligne axillaire. Pas d'ascite. Etat général meilleur qu'à son entrée. Appétit revenu.

Nota. Pendant son séjour à l'hôpital, B... n'eut jamais de fièvre. P. 74. R. normale. T. normale.

Analyse des urines,

Dates.	Quantité.	Densité.	Urée.	A. urique.	Chlorure.
11 avril	900	1027	10.45	»	»
12	1000	1025	7.56	0.30	2.90
13	700	1022	13.66	0.39	0.70
14	900	1020	14.70	0.50	5.65
15	700	1022	10.17	»	»
16	600	1020	12.15	0.75	»
17	600	1020	12.00	»	»
18	900	1020	11.65	0.45	4.50
19	1000	1020	12.45	0.42	5.05
20	600	1030	15.00	0.55	5.70
21	1000	1025	14.20	»	»
22	900	1025	16.07	»	»
23	1300	1020	19.00	0.70	7.05
24	1500	1017	20.07	»	»
25	1300	1017	20.16	»	»
26	2000	1019	23.19	1.05	»
27	1200	1018	19.07	0.85	9.02
28	1600	1015	16.90	0.91	8.90
29	1500	1015	15.55	0.77	8.09
30	1100	1015	18.60	0.95	7.75
1 mai	1200	1017	22.37	0.82	»
2	1400	1012	24.05	0.79	»
3	1500	1015	21.96	0.81	»
4	1400	1012	20.08	0.65	9.10

Obs. III (personnelle). — *Cirrhose atrophique avec ictère.*

Service de M. le professeur Sée, salle Sainte-Jeanne, n° 6. C... (Etienne), 43 ans, homme de peine, entre le 4 juin 1877.

Antécédents héréditaires nuls.

Antécédents personnels. Pneumonie. Prisonnier pendant la guerre il contracte la fièvre typhoïde. Pas de syphilis.

Début de la maladie actuelle. Au mois de janvier 1877 il s'aperçoit que son ventre grossit de jour en jour, mais jamais il n'a éprouvé de malaise ni de troubles digestifs; sauf un peu de constipation et des hémorrhoïdes. Vers le commencement du mois de mai ses urines deviennent très-foncées et tachent son linge. L'ictère apparaît sans douleur et sans fièvre; en l'espace de huit jours il était devenu très-foncé.

L'appétit était conservé, mais C... se sentait faible et travaillait difficilement, car son ventre était énorme. A la fin de mai il tomba d'une hauteur de 2 mètres sur le côté droit. Il ressentit pendant plusieurs jours de vives douleurs dans l'hypochondre droit, puis il nous affirme que l'ictère et le ballonnement du ventre augmentèrent rapidement à la suite de l'accident. Le 5 juin il entre à l'Hôtel-Dieu.

Etat actuel. Homme de taille élevée, portant plus que son âge. Il pesait 90 kilos avant sa maladie. Le bras et le thorax sont maigres, les jambes légèrement œdématiées, surtout au niveau des malléoles. La peau est colorée en jaune verdâtre, il y a des taches beaucoup plus foncées sur le devant de la poitrine.

Le ventre mesure 1 mètre 10 au niveau de l'ombilic ; la peau est tendue, luisante ; on y voit des réseaux veineux superficiels. Matité partout sauf à l'ombilic. Sensation de flot à la palpation, le ventre est globuleux ; la dépression épigastrique à disparu.

Foie impossible à limiter; il en est de même de la rate. Rien au cœur ni aux poumons. Le malade affirme avoir conservé son appétit, mais il n'ose pas manger parce qu'après les repas il est plus oppressé. 2 portions.

Deux pilules de digitale (poudre, extrait alc.: $\bar{a}\bar{a}$ 0 gr. 02).

Le 6. Oppression considérable, pas de fièvre. T. 36,5. P. 70.

Le 7. On fait la paracentèse abdominale, on retire 9 litres d'un liquide fortement coloré par les matières de la bile. Il contient par litre 2 grammes 25 d'urée ; soit 20 grammes 25.

Le soir repas copieux ; le malade a soif, on examine le foie qui donne une matité de 0^m,05 sur la ligne axillaire, la rate est volumineuse.

Le 8. La plaie faite par le trocart laisse échapper du liquide ascitique, le malade est tout mouillé. Appétit assez bon, 2 portions.

Le 9. La plaie du trocart est fermée, le ventre est un peu augmenté, même régime.

Les 10, 11, 12. Bon appétit, 2 portions.

Le 13. Eau de Sedlitz, une portion ; le ventre augmente de volume assez rapidement.

Les 14, 15, 16. Même état. C... reste toujours couché.

Le 17. L'ictère est moins intense, quelques douleurs lombaires. 2 portions.

Le 18. Les membres inférieurs s'œdématient, le scrotum s'infiltre; l'abdomen mesure 1 mètre 7. On lui donne 200 grammes de sirop de glucose. Une heure après l'ingestion on en trouve dans les urines, mais le soir plus rien. Le malade se plaint de beaucoup de gêne respiratoire.

Le 19. Oppression, R. 28. Ne mange qu'une portion, pas de sucre dans l'urine.

Les 20, 21, 22. Même état. Décubitus dorsal.

Les 23, 24, 25. Le malade réclame la ponction, il est très-gêné pour respirer.

Le 26. Ponction qui donne 8 litres d'un liquide filant et fortement coloré.

Le 27. C... se sent très-affaibli, ne mange qu'une portion et boit beaucoup.

Le 28. Même alimentation.

Le 29. Faiblesse très-grande, le ventre mesure déjà 1 mètre 5.

Le 30. C... a la figure fatiguée, la voix cassée. Il ne fait que sucer la viande qui lui est offerte.

1er juillet. Oppression. Œdème considérable des jambes qui a persisté même après la ponction.

Le 2. Potages, bouillon.

Le 3. Même régime.

Le 4. Oppression assez considérable, ventre énorme.

Le 5. Au matin, il meurt d'une syncope pendant que l'on faisait son lit.

Autopsie. Foie type de cirrhose atrophique, pèse 800 grammes. Rate énorme. Rien de spécial dans les autres viscères. Nous n'avons pu nous procurer l'examen histologique.

Analyse des urines.

Dates.	Quantités.	Densité.	Urée.	A. urique.	Chlorure.
6 juin	300	1030	10.90	0.50	»
7	400	1030	10.25	»	6.5
8	900	1018	15	0.40	»
9	700	1018	14.9	0.50	»
10	1000	1012	15.8	0.70	7.2
11	1200	1010	16.5	0.55	5.7
12	700	1015			
13	900	1015	15.3	»	6.2
14	1000	1012	14.2	»	»
15	700	1015	17.9	»	»
16	800	1015	18.2	»	»
17	900	1012	15.7	0.60	»
18	800	1015	·16.1	0.70	»
19	400	1020	14.7	0.90	4.7
20	500	1022	13.2	0.78	»
21	500	1021	14.1	»	5.2
22	600	1019	11.8	»	»
23	500	1020	14.7	»	»
24	400	1019	10.1	»	4.2
25	400	1025	10.2	0.35	»
26	700	1020	12.3	0.40	»
27	900	1019	13.5	0.45	»
28	600	1015	10.8	0.20	»
29	500	1022	9.7	»	»
30	400	1030	7.7	»	2.80
1 juillet	400	1030	9.20	0.28	»
2	500	1028	10.16	0.20	2.75
3	600	1020	9.80	»	»
4	300	1030	7	»	»

(Nota.) Les urines ont toujours eu une réaction acide.

OBS. IV (personnelle). — *Cirrhose atrophique avec ictère passager et calculs biliaires de l'autopsie.*

Service de M. le professeur Sée, salle Sainte-Jeanne, n° 9. Onésime P..., cordonnier, entré le 2 novembre 1876; antécédents héréditaires : nuls. Antécédents personnels : pas d'alcoolisme ni de syphilis. Pas de maladie antérieure.

Début de la maladie actuelle.— C'est en avril 1876 qu'il ressent les premiers troubles digestifs ; constipation alternant avec diarrhée. Cet état dure jusqu'au mois d'octobre. A cette date P... s'aperçoit de l'augmentation du volume de son ventre : il porte alors une ceinture ventrière. A la fin d'octobre il ressent des douleurs très-vives dans la région hépatique et devient jaune le lendemain. Il a quelques vomissements, un peu de fièvre : les coliques hépatiques durent trois jours.

État actuel, 2 novembre 1876. Homme de petite taille, pesant 130 livres : maigreur effrayante des bras, qui contraste singulièrement avec l'énorme volume du ventre. Il a un teint ictérique assez prononcé.

Ascite. Ventre de cirrhotique mesurant 1 m. 07. Œdème des membres inférieurs. Foie impossible à limiter.

Rien au cœur ni aux poumons. P... ne mange presque rien depuis quinze jours ; constipation ; urines rares et très-chargées d'urates. P. 70. R. 24. T. 36,9.

Le 3 novembre. Oppression. R. 30. Une portion et 2 litres de liquide.

Le 4. Ponction donnant 7 litres de liquide peu dense et fortement coloré. D. 1008. Le foie est très-petit : trois travers de doigt de matité. La rate ne paraît pas très-grosse.

Le 5. Deux portions : l'appétit est très-faible et le malade a du dégoût pour la viande.

Le 6, 7, 8, 9. Le ventre grossit rapidement et l'œdème des membres inférieurs est considérable. P... boit toujours environ 2 litres de liquide.

Le 10. P... ne veut plus manger de viande : on lui donne des légumes et deux potages gras.

Les 11, 12, 13. Même régime. Le malade ne se lève plus.

Le 14. La dyspepsie est considérable. Alimentation végétale. Potages gras.

Le 17. On fait une nouvelle ponction, 10 litres de liquide qui renferment 38 gr. 25 d'urée.

Le 19. P... cherche à ne pas boire de peur que son ventre augmente encore de volume. Il mange un peu de viande : 50 gr. environ.

Le 20, 21. Appétit un peu meilleur; 2 portions.

Le 24. Nous lui donnons 200 gr. de sirop de glucose en deux fois; pas trace de sucre.

Le 25. Pas de sucre; même régime.

Le 28. Le ventre est presque revenu au volume qu'il avait au moment de la dernière ponction.

Le 31. Appétit très-mauvais. Affaiblissement progressif. Le malade se désole.

Le 3 décembre. Oppression qui nécessite une nouvelle ponction : 6 litres d'un liquide renfermant 5 gr. d'urée. Nous ne pouvons suivre le malade pendant les 13 jours qui suivent.

Le 16 décembre. Nous trouvons le malade très-affaibli. Son ventre mesure 1 m. 06. Respiration gênée. Râles dans la poitrine. Le malade ne prend pas d'aliments solides. Bouillon; potages gras.

Le 17. Même état.

Le 18. P... reste toujours plongé dans un demi-sommeil et dans l'immobilité la plus absolue.

Le 19. Râles fins à la base des 2 poumons, râles muqueux disséminés.

Le 20. Coma ; un peu de délire; hoquet.

Le 21. Mort.

Autopsie.— On recueille 15 litres de liquide citrin, filant. Foie très-petit, caché sous le diaphragme. Il pèse 957 gr. 8 : il est grisâtre, très-déformé. Capsule plissée. Granulations nombreuses à la surface, dureté très-grande. Il y a dans la vésicule biliaire un calcul assez volumineux et un autre dans le canal cystique. La rate est petite : les poumons sont congestionnés. Rien dans les autres organes.

Analyse des urines.

Dates.	Quantité.	Densité.	Urée.	A. urique.	Chlorure.
3 novembre	500	1020	10.5	0.30	5.7
4	400	1020	9.7	0.25	»
5	600	1015	10.0	0.15	»
6	500	1015	10.4	0.20	»
7	300	1019	14.2	0.35	4.2
8	450	1018	12.2	»	»

Dates.	Quantité.	Densité.	Urée.	A. urique.	Chlorure.
9	375	1018	8.6	»	»
10	300	1018	7.9	»	»
11	300	1017	10.1	0.30	»
12	250	1020	10.8	0.27	»
14	380	1020	9.2	0.28	3.5
15	200	1022	9.7	0.25	3.2
16	310	1024	6.5	0.19	»
17	300	1021	7.2	»	»
18	400	1022	9.4	»	2.75
19	400	1018	10.2	»	»
20	350	1020	10.7	0.30	2.25
21	350	1020	11.2	0.20	2.90
24	400	1025	10.5	»	»
25	300	1025	9.1	0.15	2.07
28	250	1022	6.5	0.20	2.00
31	200	1020	7.5	»	»
3 janvier	200	1020	7.8	0.18	»
17	300	1020	9.9	0.19	1.75
18	180	1019	5.7	0.14	»
19	300	1022	5.2	»	»
20	200	1020	6.1	»	»

Obs. V (personnelle). — *Cirrhose cardiaque. Insuffisance mitrale.*

Service de M. le professeur G. Sée, salle Sainte-Jeanne, n° 3
W. Nicolas, 44 ans, mouleur.

Antécédents héréditaires : mère morte hydropique.

Antécédents personnels : scarlatine étant tout enfant, alcoolisme manifeste, pas de syphilis.

Début de la maladie actuelle : Rien de particulier jusqu'au mois de juin 1876. A cette époque, il voit chaque soir ses jambes s'enfler, se trouve très-oppressé en montant des escaliers. Il éprouve de violentes palpitations.

Entrée à l'Hôtel-Dieu le 31 juillet.

OEdème des membres inférieurs considérable. On le met à la digitale et au régime lacté. Il a des alternatives de mieux et d'œdème ; de plus, quelques douleurs dans l'hypochondre droit.

Au mois de novembre, nous commençons à suivre le malade.

4 novembre. Homme de taille moyenne pesant 140 livres. Traits

atigués; teinte subictérique; membres très-enflés; très-peu de liquide dans l'abdomen.

Au cœur : Souffle très-fort au premier temps de la pointe; cœur firrégulier; la pointe bat dans le sixième espace intercostal. P. 90, petit, irrégulier, intermittent. Râles fins à la base des deux poumons; râles muqueux dans toute l'étendue. R. 20. Foie dépassant de trois travers de doigt le rebord des fausses côtes; il est douloureux à la palpation. Rate impossible à délimiter.

Les fonctions digestives se font assez bien; mais il y a peu d'appétit. La constipation est la règle La sécrétion urinaire est peu abondante; les urines sont très-claires, elles ne contiennent ni sucre, ni albumine, ni matières colorantes de la bile.

W... prend chaque jour vingt gouttes de teinture de digitale et 2 litres de lait; une portion.

Le 5. Même état. Une cuisse de poulet et potage gras le matin; le soir, potage gras. 2 litres de lait.

Le 6. Le cœur est un peu calme, mais la respiration est toujours gênée.

Le 9. W... se sent mieux; il mange deux portions.

Le 10. L'appétit est à peu près revenu; on supprime la digitale, mais on conserve le lait. Le malade mange assez bien la viande de deux portions, mais peu de pain.

Le 20. Pas d'accidents; l'œdème des membres inférieurs disparaît progressivement. L'appétit est toujours assez bon; deux portions, 2 litres de lait. Le malade se promène un peu dans la salle.

Le 21. Un verre d'eau de Sedlitz.

Le 25. On donne 150 gr. de sirop de glucose au malade en deux fois à jeun.

L'analyse de l'urine dans la journée ne donne aucun résultat.

Le 30. 200 gr. de sirop de glucose en deux fois; rien dans l'urine.

10 décembre. L'état général est relativement bien meilleur; mais le cœur est toujours irrégulier. Le souffle est plus intense qu'à son entrée à l'hôpital.

Le 15. W... se plaint de quelques douleurs dans la région hépatique; en même temps la teinte subictérique s'accentue. La gêne respiratoire est assez considérable. R. 22. Le malade expectore en grande quantité des mucosités. Même régime ; deux portions, 2 litres de lait.

Le 20. W... voit ses jambes enfler à nouveau ; son cœur bat d'une façon plus irrégulière.

On lui donne vingt-cinq gouttes de teinture de digitale dans un tulep.

Le 24. Dyspnée considérable. Insomnie depuis plusieurs jours. Potion avec 2 gr. de chloral ; 20 gr. d'eau-de-vie allemande.

2 janvier 1877. On est obligé de suspendre la digitale. Le pouls s'est ralenti (56). W... a vomi deux fois. Même régime, 2 litres de lait, une portion.

Le 10. Membres inférieurs très-œdématiés. Le scrotum est distendu par le liquide. Il existe aussi un peu d'ascite. Le cœur présente beaucoup d'irrégularités. P. 68, inégal, irrégulier, petit et intermittent.

Le 15. L'état général va toujours s'aggravant. L'ascite a augmenté ; il y a même de l'œdème de la paroi abdominale. Nous examinons l'urine, il y a peu d'albumine.

Le 17. La dyspnée est surtout considérable la nuit. R. 26. P. 86.

Le 22. Même état tous ces jours ; mais il y a de la matité à la base du poumon et un léger souffle. W... est très-inquiet ; il ne mange plus qu'une portion et ne veut plus boire de lait.

Le 23. Nous faisons prendre au malade 100 gr. de viande crue avec un peu de sucre et de rhum. Julep avec 3 gr. de chloral pour la nuit.

Le 24. 150 gr. de viande crue, potáge gras.

Le 25. 150 gr. de viande crue, potages gras.

Le 26. W... est fatigué de la viande et n'en veut plus prendre.

Le 28. L'épanchement a augmenté de volume ; l'anasarque est généralisé. Le malade a la figure cyanosée ; le foie déborde de trois travers de doigt les fausses côtes.

Le 29. Dyspnée extrême ; on fait une piqûre de morphine qu donne un peu de calme.

Le 30. Julep avec vingt-cinq gouttes de teinture de digitale, 2 gr. de chloral. Dyspnée atroce. W... ne mange plus que des potages.

Le 31. Même état. Arhythmie complète.

1er février. Insomnie. Douleur de la région précordiale et de l'hypochondre droit. Râles nombreux dans toute la poitrine. L'épanchement reste stationnaire.

Le 2. Le malade a eu du délire cette nuit. Même dyspnée atroce. 20 gr. d'eau-de-vie allemande.

Le 3. Même état.

Le 4. Coma, figure cyanosée. R. stertoreuse.

Le 5. Coma dont on ne peut tirer le malade. Respiration stertoreuse. On ne peut recueillir les urines.

Il meurt dans la nuit.

Autopsie. — 8 litres de liquide d'ascite. Cœur avec valvule mitrale très-insuffisante. Athérome de l'aorte. Infarctus pulmonaire. Infarctus dans la rate. Foie pèse 2 kilogr. 010. Aspect du foie, muscade. Examiné au laboratoire de l'Hôtel-Dieu par M. Longuet : lésions très-avancées de cirrhose cardiaque.

Analyse des urines.

Dates.	Quantité.	Densité.	Urée.	A. urique.
5 novembre	700	1015	13.10	0.40
6	800	1015	12.20	0.48
7	800	1012	11.50	»
8	1000	1010	13.70	»
9	1000	1010	10.50	0.40
10	1500	1012	12.90	0.50
11	1500	1021	13.60	0.60
12	1250	1014	15.70	0.55
13	1600	1010	18.80	0.50
20	1400	1010	18.50	0.70
25	1200	1012	17.40	0.80
30	1100	1010	16.20	0.58
1 décembre	1000	1010	14.70	0.67
10	900	1015	17.60	»
15	1000	1015	15.50	»
20	1000	1015	14.70	0.80
24	1100	1014	12.10	0.65
27	1200	1012	16.10	0.70
28	900	1010	14.6	»
6 janvier	800	1008	12.70	0.80
7	1000	1010	10.90	0.20
10	900	1012	10.90	0.15

Dates.	Quantité.	Densité.	Urée.	A. urique.
12	900	1012	12.50	»
20	950	1014	13.20	»
21	900	1015	10.10	»
22	800	1015	9.80	0.25
23	900	1015	10.50	0.35
24	850	1015	16.70	0.40
25	700	1015	15.20	0.25
26	500	1018	8.50	0.25
27	300	1015	9.00	0.30
28	280	1018	8.70	0.20
29	300	1019	4.50	»
30	400	1019	9.20	»
31	450	1018	5.70	0.25
1 février	300	1017	6.66	0.10
2	400	1018	5.00	0.12
3	300	1019	4.25	0.10
4	250?	»	»	»

OBS. VI (personnelle). — *Cirrhose atrophique.*

Service de M. Hérard. Salle Saint-Charles (Hôtel-Dieu). Sénitas (Antoine), âgé de 64 ans, terrassier.

Antécédents héréditaires : mère morte hydropique.

Antécédents personnels : Alcoolisme, pas de maladie.

Début de la maladie. En mai 1876 son ventre augmente rapidement de volume, à tel point qu'il fut obligé d'interrompre son travail. Le mois suivant, nous dit-il, il eut une polyurie très-abondante et son ventre diminua beaucoup de volume, si bien qu'il put reprendre ses occupations en juillet.

Rien de particulier jusqu'en mars 1878. Son ventre augmente progressivement. Il est constipé, l'appétit diminue considérablement. Pas de douleurs, œdème des malléoles. En juin, il fut obligé d'interrompre son travail. Diarrhées assez abondantes, il s'affaiblit et au mois d'août il est forcé d'entrer à l'Hôtel-Dieu. On lui donne de la digitale. Son état paraît s'améliorer un peu. Alternatives de diarrhées et de constipations. Son ventre reste très-gros, ses jambes sont toujours enflées. Pas de ponction.

Le 15 janvier 1879, nous commençons à suivre le malade.

État actuel. Homme profondément cachectique, teint terreux maigreur squelettique de la face, des bras et du thorax. Ventre énorme mesurant 1 mètre 15. Veines sous-cutanées abdominales très-développées. Ascite manifeste. Le foie est très-petit ; la rate volumineuse. Au cœur : souffle systolique à la base se prolongeant dans les vaisseaux du cou, artères athéromateuses. Quelques râles dans les poumons. Œdème énorme du scrotum et des membres inférieurs. Le malade a perdu l'appétit et ne mange guère ses deux portions.

Le 16. Alimentation en partie végétale. Le malade a horreur de la viande. Deux portions, un litre de lait.

Le 17. Même alimentation, même état.

Le 29. Depuis le 17 nous avons suivi régulièrement le malade. Aucune modification dans son état : le ventre n'a pas augmenté de volume son régime est identiquement le même.

Ce matin une heure et demie après son repas nous lui avons donné 150 grammes de glucose (sirop). Une heure et demie après l'ingestion, nous constatons une grande quantité de sucre dans les urines. Dans la nuit le sucre existe encore.

Le 30. Les urines ont été moins abondantes sous l'influence du sucre. Très-denses D. 1060. Le saccharimètre y découvre 130 gr. de sucre. Il est vrai que le régime du 29 comme celui des journées précédentes était très-amylacé.

Le 31. Plus de sucre dans les urines.

2 février. Nous lui donnons dans l'espoir d'augmenter son urée 150 grammes de viande crue avec un peu de sucre et de rhum.

Le 3. Même alimentation : viande crue.

Le 5. L'urée augmente sous l'influence du régime azoté.

Le 10. Même régime, même état.

Le 12. Pas d'amélioration dans l'état du malade ; le ventre a toujours le même volume ; même impossibilité de se lever.

Analyse des urines.

Mois.	Quantité.	Densité.	Urée.	A. urique.
15 jan. 79.	700	1025	14 gr.	0.20
16	700	1025	12 gr.	0.25
17	500	1020	12.75	0.28
18	500	1021	14.7	0.30
19	600	1021	13.5	»

Dates.	Quantité.	Densité.	Urée.	A. urique.
20	500	1020	12.75	»
21	600	1025	»	»
22	600	1025	14.58	0.27
23	400	1026	11.6	»
24	500	1028	15.58	»
25	530	1028	15.25	»
26	500	1030	12.58	0.32
27	800	1017	15.7	»
28	680	1060	15.40	sucre
29	480	1028	10.6	0.35
30	500	1026	14.7	0.30
31	»	»	»	»
1	»	»	»	»
2	500	1025	13.2	viande crue
3	450	1025	15.8	0.40
4	600	1025	15.9	0.42
5	500	1025	17.7	0.45
6	400	1029	17.2	0.40
7	500	1025	16.5	0.45
8	500	1024	17.5	0.50
9	500	102?	17.7	0.50
10	550	1025	15.5	0.75
11	400	1025	14.2	0.39

Obs. VII (personnelle).

Service de M. Hérard. Salle Saint-Charles, n° 7. Louis D..., serrurier, 28 ans. Hôtel-Dieu.

Antécédents héréditaires très-bons.

Antécédents personnels. Pas d'alcoolisme ; pas de syphilis.

Début de la maladie actuelle. Soldat pendant la guerre, il entre à l'infirmerie pour un ictère en 1870. Ni fièvres, ni douleurs. Il reste dix jours malade. Envoyé à l'île d'Aix pour avoir pris part à la Commune, il contracte le scorbut ; enfin au mois d'août, il a de nouveau de l'ictère, il est envoyé à l'hôpital de Rochefort où on constate une hypertrophie du foie.

En 1873, il entre à l'hôpital de Brest. Diagnostic : kyste hydatique. On fait une ponction exploratrice mais il ne sort aucun liquide ; on lui applique alors cinq cautères.

En 1874, son état s'est un peu amélioré. Il est gracié en 1878. Son ventre a grossi ; ses jambes enflent le soir ; l'appétit a disparu ; il maigrit. Le 11 juin il entre à l'Hôtel-Dieu. Son ventre est énorme. Le 24 juin on fait une première ponction. Depuis cette époque on lui en fait 15 qui donnèrent 180 litres de liquide.

Etat actuel. Janvier 1879.

Le 15. Homme de très-petite taille, extrêmement maigre, teinte subictérique ; un peu d'œdème aux membres inférieurs. Ventre mesurant 1 mètre 07 ; circulation veineuse collatérale très-développée. Il nous est impossible de mesurer le foie. Rien au cœur, ni aux poumons.

D... n'a pas d'appétit et est le plus souvent constipé ; jamais il n'a eu de douleurs, mais tous les quinze à vingt jours on est obligé de lui faire la ponction, la dernière a eu lieu le 7 janvier. P. 80, R. 16, T. 37,2.

Le 16. Même état ; le malade fort intelligent note très-exactement son régime. Il est à 2 portions ; viande cuite 150 grammes, pain 120 grammes, 1 litre de lait, 120 grammes de café, 1 litre de tisane et 250 grammes de vin.

Le 17. Régime : vin 320, café 120, poulet 100, lait 1 litre.

Le 25. Le régime a très-peu varié il me paraît inutile de le reproduire.

Le 28. Dyspnée. Le ventre mesure 1 mètre 15. Nous donnons 150 grammes de sirop de glucose, jamais nous n'avons de sucre dans les urines.

Le 30. Ponction : 15 litres de liquide, malheureusement il fut impossible d'en faire l'analyse. Après la ponction nous examinons le foie qui est énorme et descend jusqu'à l'ombilic ; on peut le palper avec la plus grande facilité ; il paraît lisse, sans aucune bosselure. On sent parfaitement son bord tranchant. Cette palpation n'est point douloureuse. Il mesure 27 cent. Rate énorme, ventre 1 mètre 01.

2 février. Le malade est tourmenté par la soif. Il s'efforce de ne point boire de peur de voir son ventre grossir à nouveau.

Le 3. Outre le régime actuel, D... reçoit 100 grammes de viande crue.

Le 4. Même régime.

Le 5. Nous donnons 200 grammes de sirop de glucose en deux fois. Jamais nous n'avons constaté la présence du sucre.

Le 6. A son régime habituel on ajoute 500 grammes de limonade tartrique.
Le 7. Le ventre mesure déjà 1 mètre 07.
Le 8. Les membres inférieurs sont un peu œdématiés.
Le 12. L'abdomen mesure 1 mètre 10. Même régime.

Analyse des urines.

Dates.	Quantité.	Densité.	Urée.	A. urique.
15 jan. 19.	600	1027	9.70	»
16	500	1027	10.10	»
17	500	1027	7.90	»
18	350	1025	10.50	0.30
19	280	1025	10.70	0.25
20	280	1025	8.50	0.20
21	360	1025	7.90	0.25
22	300	1025	12.85	0.30
23	460	1025	10.15	0.30
24	400	1027	10.60	»
25	400	1025	8.45	»
26	300	1025	12.00	»
27	500	1025	7.1	0.35
28	260	1025	7.3	glucose
29	280	1022	9.5	0.20
30	300	1022	8.2	ponction
31	300	1025	8.5	0.20
1	400	1025	9.6	0.27
2	360	1025	10.5	0.40
2	360	1025	10.7	Viande crue
4	350	1021	14.2	0.50
5	300	1025	14.7	glucose
6	350	1025	13.55	0.30
7	300	1025	12.60	0.40
8	500	1025	15.70	»
9	380	1028	15.80	»
10	410	1027	14.90	0.42
11	400	1025	15.70	»
12	500	1020	14.05	»
13	375	1022	15.42	»

OBS. VIII. — *Cirrhose atrophique.*

V..., voyageur de commerce (vins) 32 ans, salle Saint-Charles (Hôtel-Dieu), service de M. Hérard, entré le 21 septembre 1878.

Ce malade avoue nettement des habitudes alcooliques. Il buvait 4 à 5 litres de vin par jour. Rêves, tremblement, pituite le matin, etc., etc. Pas de syphilis. Avant la maladie actuelle, il pesait 102 kilos et il fut exempté du service militaire pour obésité.

Au mois de juin 1878 il ressentit les premières atteintes de sa maladie : appétit diminué, hémorrhoïdes qui lui faisaient perdre une assez grande quantité de sang à chaque garde-robe.

V... avait souvent la diarrhée, maigrissait beaucoup. Puis, vers le mois d'août, il s'aperçut que son ventre le gênait et augmentait de volume. Enfin le 17 septembre 1878 il entre à l'hôpital.

Depuis cette époque jusqu'au 15 décembre on fait cinq ponctions qui donnent 73 litres de liquide ascitique. V... dit avoir remarqué qu'avant chaque ponction la quantité d'urine qu'il rendait en vingt-quatre heures était très-petite et que cette quantité augmentait un peu après la ponction. Il raconte que, quinze jours après la dernière ponction, il fut pris de diarrhée tellement abondante que son ventre, même sans ponction, devint moitié moins volumineux.

Régime : Depuis son entrée à l'hôpital il mange à peine deux portions ; mais il boit par jour un litre de vin qu'il fait venir du dehors.

Le 10 janvier nous commençons à suivre le malade :

Homme assez grand, pâle, amaigri. Ventre assez volumineux, mesurant 1 m. 02. La circulation veineuse sous-cutanée est très-développée. Sensation de flot à la palpation, matité à la percussion. Nous limitons le foie qui est très-petit et n'atteint pas le rebord des fausses côtes. La rate est énorme ; pas de fièvre ; le pouls bat 80 fois et R. 16. Rien au cœur ; rien au poumon ; pas d'œdème aux membres inférieurs. L'appétit est bon.

V... va à la selle régulièrement, il se lève toute la journée, se promène, et va même travailler à la cuisine de l'hôpital. Il trouve son état très-amélioré. Il pèse actuellement 70 kilos. Ses urines contiennent de l'albumine en faible quantité.

Le 11. Deux portions. Un litre et demi de lait; pas de vin ; côtelette le matin; poulet le soir.

Le 12. Même régime; bon appétit.

Le 16. Pas de changement. Nous croyons que V... se procure d'autres aliments que ceux qu'on lui distribue dans la salle.

Le 20. Même régime. Nous lui donnons 200 gr. de sirop de glucose. Pas de sucre à aucun moment de la journée.

Le 25. Appétit excellent. V... se promène dans l'hôpital. Son ventre reste toujours au même volume. Même régime ; plus 100 gr. de viande crue.

Le 30. Même état; même régime; appétit excellent; constipation.

Le 2 février. Nous donnons encore 200 gr. de sirop de glucose : toujours pas de sucre dans l'urine.

Le 5. Même régime : 200 gr. de sirop de glucose. Rien toujours dans l'urine. Constipation.

Le 4. V... se purge avec de l'eau de Sedlitz : pas de sucre.

Le 5. Même régime : rien de spécial.

Le 12. Appétit excellent. Le ventre n'a point augmenté de volume; le poids corporel est moindre de 2 kilos. Le malade en effet constate qu'il maigrit.

Analyse des urines.

Dates.	Quantité.	Densité.	Urée.	A. urique.
11	1900	1029	20.8	0.80
12	1900	1017	20.15	0.75
13	1600	1015	21.70	»
14	1700	1015	21.70	»
15	2000	1015	20.20	»
16	2000	1015	19.50	»
17	1600	1017	18.70	»
18	1700	1017	20.60	»
19	1700	1017	20.40	»
20	2000	1010	19.50	0.80
21	2600	1010	17.40	0.55
22	2400	1012	16.90	0.66
23	2000	1011	20.50	»
24	1800	1012	16.40	»
25	2100	1012	19.70	0.87

Dates.	Quantité.	Densité.	Urée.	A. urique.
26	1500	1015	19.50	0.60
27	2000	1011	18.60	»
28	2200	1009	20.40	»
29	2300	1009	20.50	»
30	1400	1019	17.80	»
31	2000	1015	20.90	0.81
1 février	2000	1010	21.5	»
2	2200	1009	22.2	»
3	1900	1012	20.7	»
4	1900	1012	21.8	»
5	2000	1009	22.1	0.75
6	1500	1015	23.9	»
7	2000	1010	24.6	»
8	1900	1010	20.5	0.82
9	2400	1009	19.7	0.80
10	1250	1008	19.8	»
11	2200	1008	20.1	»
12	2000	1008	21.2	»
13	2200	1009	22.4	0.90

(Nota) Les urines furent toujours alcalines.

Obs. IX (personnelle). — *Cancer du foie.*

Service de M. le professeur G. Sée, salle Saint-Christophe, n° 13. A... (Pierre), journalier, 52 ans.

Antécédents héréditaires. — Parents morts jeunes.

Antécédents personnels. — Plusieurs blennorrhagies étant soldat.

Début de la maladie actuelle. — Au mois d'avril 1878 il perdit l'appétit : ne pouvait supporter la viande. Constipation habituelle. Au mois de mai il devient ictérique; sans douleurs dans l'hypochondre droit, sans fièvre. Epistaxis assez abondantes, jamais les matières fécales ne furent décolorées. Son ventre avait augmenté de volume et chaque jour A... s'affaiblissait.

Le 8 janvier 1879 il entre à l'Hôtel-Dieu.

Etat actuel: Homme de taille moyenne, amaigri, aux téguments fortement ictériques. Ventre distendu mesurant 1 m. 10. Veines sous-cutanées abdominales très-visibles. Ascite manifeste.

On limite difficilement le foie qui néanmoins paraît d'un volume énorme. La rate est aussi très-grosse. Les membres inférieurs sont œdématiés, anorexie complète. Dégoût pour la viande, selles régulières ; jamais de vomissements. Rien au cœur ni aux poumons ; urines très-fortement colorées par la bile ; elles laissent déposer de l'urate de soude. T. 37,4. P. 60. R. 18.

Le 9. Oppression. Boit un litre de tisane, 150 gr. de vin, 2 potages gras.

Le 10. Paracentèse. 6 litres de liquide, fortement coloré par la bile et contenant 15 gr. d'urée.

On palpe l'abdomen et on reconnaît que le foie est très-volumineux et descend jusqu'à l'ombilic. De plus la surface est inégale et mamelonnée ; les mamelons offrent une dépression cupuliforme.

La rate est aussi très-volumineuse. Pas de douleurs.

Le 11. Le liquide ascitique s'écoule par l'ouverture du trocart. Le malade mange une portion et se trouve un peu mieux. Deux litres et demi de liquide à boire.

Le 12. Appétit nul, pas de viande, boit deux litres de liquide. Déjà le ventre augmente de volume.

Le 13 Potages gras (2) et 2 litres de liquide.

Le 14. Ponction. 600 grammes d'un liquide sanglant.

Le 15. Rougeur érysipélateuse autour de la piqûre du trocart T. 37,5. P. 68.

Le 17. La rougeur a gagné une partie de l'abdomen. T. 38,2. P. 70. Bouillon, potages.

Le 18. La rougeur a disparu. Un peu de mieux.

Le 19. L'appétit a reparu un peu. Côtelette le matin ; potage gras le soir.

Le 20. Mange un peu de viande le matin, environ 60 grammes.

Le 23. Gêne considérable de la respiration : A... demande la ponction. Ponction donnant 8 litres de liquide fortement coloré par les matières biliaires et contenant par litre 0 gr. 65 urée, soit : 5 gr. 20.

Le 25. Appétit meilleur, mange un peu mieux : une portion.

Le 29. Nouvelle ponction : 6 litres de liquide contenant par litre 1 gr. 20 d'urée, soit : 7 gr. 20.

A... boit 2 litres de liquide, mange très-peu de viande, 60 gr. par jour. Son ventre mesure 1,01. Nous donnons 100 gr. de viande crue avec un peu de rhum et de sucre.

Le 30. Le ventre grossit très-rapidement. A... boit plusieurs litres de tisane. 1 m. 07 de circonférence abdominale.

Le 31. 1 m. 09 de circonférence abdominale. Appétit passable, viande crue 100 gr.

Le 1er février. 1 m. 12 de circonférence. Ponction : 7 litres d'un liquide très-foncé renfermant par litre 1 gr. d'urée ; soit 7 gr.

Le 2. Mange un peu, mais très-faible. Les membres inférieurs sont infiltrés : le scrotum est volumineux.

Le 3. Même état. Circonférence abdominale, 1m. 05.

Le 6. Le malade a le facies altéré, fatigué, il est extrêmement faible. P. 58. R. 14. T. 37,2.

Le 9. Circonférence 1 m. 09, mange un œuf à son déjeuner : deux potages gras.

Le 11. Ponction : 7 litres de liquide ; une côtelette, deux potages gras.

Le 12. A... est extrêmement faible et son état devient de plus en plus grave.

Analyse des urines.

Dates.	Quantité.	Urée.	Densité.	A. urique.
9 janvier.	500	8.24	1034	0.27
10	300	7.27	1031	ponction
11	350	10.12	1031	0.38
12	250	9.07	1030	0.39
13	350	10.11	1031	0.60
14	350	11.06	1030	0.63
15	475	10.04	1029	»
16	500	9.20	1028	»
17	500	11.05	1027	0.65
18	550	14.07	1028	0.80
19	370	14.02	1029	0.47
20	430	10.80	1027	»
21	320	12.10	1032	»
22	250	8.40	1034	»
23	500	5.90	1030	0.35
24	250	13.70	1030	ponction
25	420	8.05	1029	0.49
26	450	12.20	1029	0.50
27	270	14.10	1032	»
28	650	10.70	1025	»

Dates.	Quantité.	Urée.	Densité.		A. urique.
29	400	12.20	1030	ponction	viande crue
30	290	14.70	1030		»
31	550	15.80	1025		»
1 février	500	11.27	1030		ponction
2	490	13.55	1029		»
3	480	13.05	1025		»
4	500	14.00	1025		»
5	420	9.25	1029		»
6	400	10.5	1029		»
7	280	12.7	1027		»
8	300	11.91	1029		ponction
9	600	10.55	1020		»
10	350	12.02	1030		»
11	240	14.55	1032		ponction
12	350	15.05	1031		»

OBS. X (Personnelle). — *Cirrhose atrophique et affection cardiaque.*

Service de M. le professeur G. Sée, salle Saint-Christophe, n° 22. V... (Louis), âgé de 66 ans, journalier.

Antécédents héréditaires : nuls.

Antécédents personnels : variole. A manié pendant fort longtemps le mercure.

Début de la maladie. Au mois de janvier 1878, quelques douleurs abdominales. Anorexie, œdème malléolaire ; puis palpitations ; dyspnée ; enfin son ventre grossit un peu. Au mois de juin il gagne le rhume ; l'oppression devient considérable. Il entre à l'Hôtel-Dieu.

21 juin. Homme usé, pesant 150 livres, ascite peu considérable. Œdème des membres inférieurs. Arhythmie complète. Souffle présystolique à la pointe. Râles nombreux dans les poumons. Foie petit et debordant les fosses côtes. Rate volumineuse.

Pendant tout le mois les accidents cardiaques persistent. Vers le commencement de juillet l'arhythmie est calmée ; l'œdème des membres inférieurs a disparu en partie ; mais l'ascite persiste.

L'appétit est médiocre, la constipation habituelle.

25 juillet. Ponction : 8 litres de liquide.

17 août. Deuxième ponction : 9 litres.

Le 30. Troisième ponction : 7 litres.
20 septembre. Quatrième ponction.
10 octobre. Cinquième ponction : 7 litres de liquide.
Le 15. V... mange deux portions. L'appétit est assez bon, mais il reste au lit toute la journée, car, aussitôt qu'il se lève, les membres inférieurs s'œdématient.
Le 27. Sixième ponction : 6 litres de liquide contenant 8 gr. d'urée. Appétit assez bon. Le malade mange assez bien la viande.
Le 30. Même état. Le ventre grossit rapidement.
13 novembre. Septième pontion : 8 litres de liquide contenant 10 gr. 20 d'urée.
Le 17. Même état. Le ventre grossit rapidement.
13 novembre. Septième ponction : 8 litres de liquide contenant 10 gr. 20 d'urée.
Le 17. Même état. 2 portions; constipation.
Le 20. Purgatif. Eau de Sedlitz.
Le 29. Huitième ponction : 6 litres de liquide contenant 8 gr. 45 d'urée.
19 décembre. Neuvième ponction : 7 litres de liquide.
9 janvier. Dixième ponction : 9 litres de liquide.
Le 22. Onzième ponction : 6 litres de liquide, 7 gr. d'urée.
Le 23. Le malade supporte assez bien les nombreuses ponctions qu'on lui a faites : il conserve toujours son souffle présystolique de la pointe, mais n'a pas d'accidents.
Il mange volontiers de la viande. Appétit assez bon.
Le 24. Nous lui donnons 150 gr. de glucose en deux fois le matin : pas de sucre.
Le 25. 200 gr. de glucose : pas de sucre dans l'urine.
Le 26. V... mange deux portions. Les membres inférieurs s'infiltrent.
29 janvier. Le ventre de V... a tellement grossi que celui-ci réclame encore la ponction. Il est très-gêné pour respirer.
6 février. Douzième ponction : 9 litres de liquide contenant 9 grammes d'urée.
Le 7. Même régime. Deux portions.
Le 10. Le ventre grossit de nouveau ; il y a quelques douleurs abdominales.
Le 14. Même régime : l'ascite augmente d'une façon très-considérable et l'œdème des membres inférieurs est énorme.

Analyse des urines.

Dates.	Quantité.	Densité.	Urée.	A. urique.
25 octobre 78	500	1027	14.50	0.30
28	600	1025	15.70	0.14
30	400	1030	10.50	0.27
10 novembre	500	1025	11.78	»
13	400	1027	10.66	0.32
17	375	1030	9.45	0.21
9 janvier	500	1025	10.50	»
14	500	1020	12.70	»
15	650	1015	14.07	»
16	600	1015	15.06	»
17	500	1017	14.55	0.25
18	300	1020	10.25	0.21
19	350	1020	10.20	0.28
20	350	1020	9.77	»
21	600	1012	8.05	»
22	300	1020	8.42	»
23	500	1015	9.06	0.15
24	330	1020	7.44	0.20
25	500	1015	10.28	0.17
26	480	1015	14.55	»
27	200	1032	15.70	0.30
28	200	1030	14.60	0.27
29	210	1030	10.50	0.25
30	250	1030	11.10	»
31	300	1030	12.25	»
5 février	300	1017	10.7	0.20
6	450	1019	8.19	0.19
7	850	1012	8.50	»
9	650	1015	12.24	»
10	500	1015	8.89	0.15
11	500	1015	9.45	0.17
12	500	1012	13.07	»
13	450	1015	8.90	»
14	470	1015	8.85	»

OBS. XI (Personnelle). — *Cancer du foie.*

Service de M le professeur G. Sée, salle Saint-Joseph, n° 19, P... (François), 44 ans, journalier.

Antécédents héréditaires : Mère morte d'une tumeur à la matrice (version du malade).

Antécédents personnels : alcoolisme.

Début de la maladie actuelle : 15 mars 1878, diarrhée pendant quinze jours, puis son ventre grossit. Pas de douleurs, pas d'ictère, appétit conservé. Pas d'œdème aux jambes ; pas de troubles de la respiration ou de la circulation.

Entré d'abord le 17 avril dans le service de M. Hérard, on lui fait la ponction. Il quitte le service immédiatement après ; le ventre augmente très-vite de volume, et le 18 mai il entre dans le service de M. Sée.

État actuel. Homme fort et robuste, pesant 190 livres avant sa maladie. Teinte subictérique. Ascite énorme. Circulation collatérale très-développée. Œdème des membres inférieurs. Rien au cœur, rien aux poumons. L'appétit est nul. Diarrhée assez fréquente. On met le malade à deux portions, mais il ne mange point la viande pour laquelle il a un profond dégoût.

Le 19. Même état : respiration très-gênée.

Le 22. Ponction. 10 litres de liquide citrin, contenant 22 grammes d'urée. Il a 1 m. 03 c. de circonférence après la ponction.

Le 23. P... boit 2 litres et demi de liquide ; ne mange pas de viande.

Le 31. Même régime ; pendant ces jours derniers le ventre mesure 1 mètre 11.

Le 3 juin. Même régime, mesure de la circonférence abdominale 1 mètre 15.

Le 4. Oppression considérable. Œdème énorme des membres inférieurs.

Le 5. Ponction ; 7 litres de liquide contenant 15 grammes d'urée. On donne : teinture digitale 25 gouttes tous les jours.

Le 7. Mieux. P... urine beaucoup et a la diarrhée. Ses jambes sont beaucoup moins enflées.

Le 8. P... a mangé une côtelette ce matin.

Le 12. Le dégoût pour la viande n'est point aussi considérable. L'appétit est meilleur, 2 portions. P... boit 2 litres de liquide, peu de vin.

Le 15. Même régime, l'œdème des membres disparaît, le ventre n'augmente pas de volume. P... a toujours 2 selles diarrhéiques dans la journée.

Le 20. P... s'occupe dans la salle et prend de l'exercice. Appétit très-bon.

Le 28. Pas de modifications dans son état ; il demande à sortir de l'hôpital.

7 juillet. Il part et reprend ses occupations.

2 août. P... rentre à l'Hôtel-Dieu, service de M. Sée, salle Saint-Christophle, n° 9 ; son ventre est très-volumineux et on lui fait successivement 2 ponctions jusqu'au 10 octobre où nous retrouvons le malade.

10 octobre. Après la ponction faite le 5 le malade est très-amaigri, teint blanc jaunâtre, yeux ternes. L'œdème des membres inférieurs est très-considérable. Il reste au lit toute la journée. Son ventre grossit très-vite ; appétit nul. Constipation habituelle.

Le 12. P... ne mange guère que des pommes de terre, des potages gras et un litre de lait.

Le 20. Nouvelle ponction : 8 litres de liquide contenant seulement 9 grammes d'urée.

Le 24. Même régime ; affaiblissement extrême, pas de douleurs, épistaxis abondantes.

6 novembre. Apparition dans l'urine des matières colorantes de la bile. Nous donnons au malade 200 grammes de glucose ; l'urine contient un peu de sucre.

Le 7. 200 grammes de sirop de glucose ; on n'en retrouve pas dans l'urine ; l'ictère augmente d'intensité.

Le 10. Régime végétal ; oppression considérable.

Le 14. Nouvelle ponction. 9 litres de liquide très-foncé contenant 4 grammes d'urée.

Le 15. Nous donnons 200 grammes de viande crue dans l'espoir de voir augmenter son urée.

Le 16. Même régime. Ictère très-foncé. Epistaxis abondantes.

Le 17. Même régime : le ventre augmente de volume et malgré cela il y a augmentation de l'urée.

Le 18. Nous supprimons la viande crue. P... préfère s'en aller que de continuer à en prendre.

Le 25. Oppression considérable. Régime végétal. Potages gras. Ictère extrêmement intense.

Le 30. Ponction. 7 litres de liquide contenant 4 grammes d'urée, un peu de sang dans le liquide.

1ᵉʳ décembre. La piqûre faite avec le trocart donne lieu à une petite hémorrhagie. Appétit nul. Potages.

Le 2. L'écoulement de sang persiste. Affaiblissement extrême, subdélirium dans la nuit.

Le 5. Etat général très-mauvais. Le liquide de l'ascite s'est reproduit, l'œdème des membres inférieurs est considérable.

Le 7. Pas d'amélioration. P... ne prend aucun aliment solide.

Le 10. P... a du délire la nuit, faiblesse extrême.

Le 11. Coma, jour et nuit.

Le 12. P... n'a plus conscience de ses actes; aucun aliment solide.

Le 13. Coma et délire.

Le 14. Même état, mort dans la nuit.

Autopsie. — Foie pèse 900 grammes, pas de déformation, le tissu hépatique n'existe que vers le centre du lobe droit. Le hile et le lobe gauche sont transformés en substance d'apparence lardacée. La veine porte est complétement oblitérée et englobée dans le tissu nouveau. L'examen fait par M. Debove montre que le foie a subi la dégénérescence squirrheuse.

Il y a de la péritonite chronique.

La rate est énorme; rien à l'estomac, absence de lésions dans les autres organes.

Analyse des urines.

Dates.	Quantité.	Urée.	Densité.	A. urique.
19 mai 1878				
20	500	12.00	1017	0.30
21	600	11.75	1018	0.28
22	400	7.17	1020	ponction
23	500	14.75	1021	»
24	900	15.90	1020	»
25	1000	10.10	1017	0.35
26	900	7.15	1017	0.32
27	500	10.05	1019	0.29
28	300	8.90	1019	0.27
29	400	10.81	1020	»
31	400	8.5	1020	»
3 juin	500	10.6	1020	»
4	700	12.5	1020	ponction

— 62 —

Dates.	Quantité.	Urée.	Densité.	A. urique.
5	900	15.22	1015	»
6	1200	19.07	1015	0.47
7	1100	15.70	1015	0.50
8	1500	18.80	1015	0.60
9	1900	21.00	1015	0.52
10	2000	16.66	1015	»
11	2000	17.02	1016	»
12	1900	15.55	1012	»
13	2500	16.27	1012	0.58
14	2700	18.6	1012	»
15	3000	17.2	1012	0.62
26 juin	1400	18.20	1020	0.50
6 juillet	1700	19.50	1015	0.47
7	1200	17.20	1015	0.60
10 octobre	500	7.80	1020	»
11	600	10.50	1020	»
15	400	8.20	1020	»
17	300	6.70	1020	0.30
20	350	10.10	1019	»
22	400	14.50	1018	0.20
26	500	12.28	1019	0.15
1 novembre	600	11.12	1020	0.17
6	500	6.80	1022	0.15
7	400	10.02	1021	0.15
10	300	9.50		»
14	500	10.70	1020	»
15	250	14.07	1029	0.28
18	300	14.85	1028	0.30
20	280	16.70	1030	0.34
24	200	15.20	1032	0.35
25	300	16.80	1030	»
30	400	15.55	1031	»
31	250	14.02	1030	»
1 Décembre	200	9.65	1031	0.10
2	180	4.02	1030	0.17
3	300	5.70	1030	0.18
4	300	4.60	1030	0.10
5	340	4.02	1032	0.09
10	300	5.45	1030	0.12
12	280	4.72	1031	0.14

(Nota) Presque toujours les urines furent acides.

Obs. XII (M. le Dr Landouzy). — *Cirrhose atrophique.*

Service de M. le professeur Hardy, salle Saint-Charles, n° 27 (Charité).

Antécédents héréditaires : excellents.

Antécédents personnels : pas de syphilis, jamais de jaunisse; point de fièvres intermittentes. A passé deux ans à Londres ne prenant pas de vin ; buvant de la bière et par hasard de l'eau-de-vie.

Début de la maladie actuelle. — En septembre 1876, à Londres sans cause appréciable, malaise, douleurs de ventre siégeant surtout dans la région ombilicale, et apparaissant surtout après les repas. Peu de temps après les douleurs semblent se fixer vers l'hypochondre gauche, douleurs peu vives ressemblant plutôt à une gêne continue qu'à une véritable douleur.

Cependant ni les forces, ni l'état général, ni l'appétit ne semblent intéressés. Bientôt il s'aperçoit que le ventre grossit, surtout par en bas.

Consulte divers médecins qui lui donnent des drastiques. Rentré en France l'année dernière, passe d'abord de longs mois à la campagne. Pas de douleurs, ni de gonflement du ventre. Tout est arrêté. Puis il entre à la Charité le 11 juillet 1878. Jusque-là peu de troubles digestifs : selles à peu près régulières, sans diarrhées ; jamais d'hémorrhagie d'aucune sorte. On ne remarque aucune modification dans l'urine.

O..., fortement charpenté, encore assez musclé, a la figure amaigrie, un peu pâle, plaquée de rouge aux pommettes, pas de teinte cachectique. On ne peut pas dire que le malade ait le teint d'un cirrhotique. Partie supérieure du corps plus amaigrie, plus sèche que la partie inférieure.

Développement énorme de l'abdomen, forme d'outre à ventre inférieur. Circonférence au niveau de l'ombilic, 1 m. 15. Ventre manifestement distendu par une ascite énorme ; pas d'œdème de la paroi abdominale. C'est à peine si l'on voit sur les flancs et les hypochondres se dessiner quelques lignes bleuâtres correspondant au trajet des vaisseaux épigastriques. Absolument pas de douleurs spontanées ou provoquées. Impossibilité de limiter le foie exactement. Apyrexie complète.

Conservation des forces et de l'appétit. Urine normale et comme densité et comme quantité. Pas d'albumine. Après s'être assuré qu'il n'y a point de sucre, on soumet O... à 100 gr. de sirop de sucre par jour. Le premier jour on décèle le sucre dans les urines, puis l'analyse ne donne plus rien.

Alimentation ordinaire. Traitement K I : 1 gr.

Etat général reste le même. A la fin de juillet paracentèse abdominale. 9 litres d'un liquide citrin.

Le foie examiné alors paraît diminué et la rate un peu plus grosse.

Le liquide se reforme rapidement ; on fait une nouvelle paracentèse.

Quelques jours après O... quitte l'hôpital. Il va en Bourgogne où par manière d'essai thérapeutique il boit beaucoup de vin blanc.

Troubles digestifs, dyspepsie, constipation.

Le 19 novembre 1878 il rentre à la Charité amaigri, fatigué, pas de teinte spéciale; anorexie presque complète.

Abdomen très-distendu, même absence de circulation complémentaire très-nette.

Circonférence ombilicale, 1 m. 03 c.

Rien aux poumons. Rien au cœur. Impossible de limiter le foie ni la rate, urines plus de 1 litre. D. 1025. Pas d'albumine, pas de sucre. Traitement KI, 1 gr.

Le 21. O... se dit bien, l'appétit est revenu : il mange trois portions, un beafsteack au cresson chaque matin. Outre l'iodure, il prend 100 gr. de sucre chaque jour. Ce sucre n'apparaît pas dans son urine.

4 décembre. Augmentation du volume du ventre qui mesure 1 m. 13 c. Bon appétit, peu de troubles digestifs. Une selle régulière. OEdème malléolaire. Haleine courte.

Le 6. Ponction : 14 litres d'un liquide citrin. D. 1016.

Le 7. O... se lève une partie du jour. Appétit. Sommeil.

Le 9. Limite du foie : 3e espace intercostal en haut ; en bas, rebord des fosses côtes. Rate étendue de la ligne axillaire du 6e au 9e espace intercostal.

Le 10. Bon appétit. Digestion facile. L'ascite n'augmente pas.

Le 17 janvier. O... quitte l'hôpital : état amélioré.

Dates	Quantité	Densité	Urée	A. urique	Chlorures	Mat. S.
novembre						
23	1300	1017	12	0.18	8.50	52
24	2250	1012	15	0.36	9	62
25	2250	1011	19.25	0.27	9.50	60
26	1300	1016	15.75	0.46	6	48
27	800	1020	12.75	0.08	4	37
28	1600	1017	17	0.56	6	64
29	1500	1016	21	0.52	7.75	58
30	1500	1017	15.75	0.31	11.25	57
décembre						
1	2250	1011	16.50	0.32	8.50	48
2	1300	1017	12	0.36	6.75	40
3	1500	10125	11	0.38	9.25	50
4	1800	1015	14	0.68	5	63
5	1000	1016	12.50	0.31	4.25	38
6 ponct.	800	1018	7	0.26	6.25	35
7	800	1025	10.25	0.20	10.75	48
8	2200	1019	15.50		11	98
9	2500	1010	17.50		15	58
10	1750	1015	16.50			63
11	2000	1017	18.25			90

Valmont.

www.ingramcontent.com/pod-product-compliance
Lightning Source LLC
LaVergne TN
LVHW051515090426
835512LV00010B/2540